LEZZETLI DOLDURMA YEMEK KITABI

ET VE SEBZE DOLDURMA VE GÜVEÇ SANATINDA USTALAŞMAK IÇIN 100 LEZZETLI TARIF

YELIZ SÖNMEZ

Tüm hakları Saklıdır.

sorumluluk reddi

Bu e-Kitapta yer alan bilgiler, bu e-Kitabın yazarının hakkında araştırma yaptığı kapsamlı bir stratejiler koleksiyonu olarak hizmet etmeyi amaçlamaktadır. Özetler, stratejiler, ipuçları ve püf noktaları yalnızca yazar tarafından tavsiye edilir ve bu e-Kitabı okumak, sonuçların yazarın sonuçlarını tam olarak yansıtacağını garanti etmez. E-Kitabın yazarı, e-Kitabın okuyucularına güncel ve doğru bilgiler sağlamak için tüm makul çabayı göstermiştir. Yazar ve ortakları, bulunabilecek herhangi bir kasıtsız hata veya eksiklikten sorumlu tutulamaz. E-Kitaptaki materyal üçüncü şahısların bilgilerini içerebilir. Üçüncü taraf materyalleri, sahipleri tarafından ifade edilen görüşlerden oluşur. Bu nedenle, e-Kitabın yazarı herhangi bir üçüncü taraf materyali veya görüşü için sorumluluk veya yükümlülük üstlenmez.

E-Kitabın telif hakkı © 2022'ye aittir ve tüm hakları saklıdır. Bu e-Kitabın tamamını veya bir kısmını yeniden dağıtmak, kopyalamak veya türev çalışmalar oluşturmak yasa dışıdır. Bu raporun hiçbir bölümü, yazarın yazılı ve imzalı izni olmaksızın herhangi bir biçimde çoğaltılamaz veya yeniden iletilemez veya herhangi bir biçimde yeniden iletilemez.

İÇİNDEKİLER

İÇİNDEKİLER 4
GİRİİŞ 8
1. PASTIRMA SARILI PEYNIR KÖPEKLERI 10
2. TUNUS FRICASSÉE 12
3. TAVUK DOLDURMA SANDVIÇ 16
4. TATLI PATATES DOLMASI 18
5. KÖRILI MANTAR DOLMASI 21
6. DOMATES VE MANTAR 24
7. PEYNIRLI PATATES 27
8. RICOTTA DOLDURULMUŞ PATLICAN YUVARLARI 30
9. YENGEÇ MANTAR DOLMASI 34
10. HAVA FRITÖZÜ CAPRESE DOLDURULMUŞ TAVUK 37
11. BEZELYELI KABAKLI MANTI 40
12. DOLMA BIBER 44
13. ŞÜKRAN GÜNÜ MANTAR DOLMASI 47
14. FIRINDA PIŞMIŞ ELMA 50
15. PASTIRMA SARILI KÖFTE 53
16. ADOBO TEREYAĞLI HINDI 56
17. ELMA SIRLI HINDI 60
18. KAYISI DOLMASI CORNISH TAVUKLARI 63
19. ŞÜKRAN GÜNÜ PIZZASI 66
20. KIYILMIŞ DOMUZ WONTONU 69
21. PEYNIR DOLMASI DOMUZ PASTIRMASI SARILMIŞ SOSISLI SANDVIÇ 72
22. PEYNIR DOLMASI DOMUZ PASTIRMASI ÇIZBURGER 75
23. DOLDURULMUŞ DOMUZ BONFILE VE KAVRULMUŞ TURP 78
24. İTALYAN DOLMASI KÖFTE 82
25. DOLDURULMUŞ EKMEK 'ROLL-UP'LARI 85
26. PIŞMIŞ YABANMERSINLI FRANSIZ TOSTU 87
27. PEKIN ÖRDEĞI 90

28. ATEŞTE KAVRULMUŞ CHORIZO JALAPEÑOS 93
29. DOLDURULMUŞ DOMATES 96
30. PIRINÇ DOLMASI BIBER 99
31. DOLDURULMUŞ TATLI PATATES 102
32. NANE KARIDES ISIRIKLARI 105
33. FÜME BÜTÜN ÖRDEK 107
34. IZGARA, DOLDURULMUŞ DOMUZ BONFILE 110
35. DOLDURULMUŞ DOMUZ TAÇ KIZARTMA 113
36. DOLDURULMUŞ PORCHETTA 116
37. FÜME KARIDES TILAPIA 119
38. FÜME BALIKLA DOLDURULMUŞ AVOKADO 122
39. PASTIRMA VE FÜME ISTIRIDYE 125
40. FÜME SOMONLU PIŞMIŞ YUMURTA 127
41. ÇEK TURŞUSU SOSISLI SANDVIÇ 130
42. PASTIRMA VE SOĞAN SERPME 133
43. ÇEK TURŞUSU PEYNIRI 136
44. CEVIZLI FÜME SÜLÜN 139
45. PEKAN FÜME BONFILE 142
46. PATLICAN DOLMASI 145
47. DANA BIBER DOLMASI 147
48. BIBERIYELI KIZARMIŞ TAVUK 150
49. DOLDURULMUŞ SARDALYA 152
50. ACILI USKUMRU 155
51. BREZILYA SOSISI DOLMASI UHU 158
52. TILAPIA VE KAHVEHANE DOLDURMA 160
53. IZGARADA BIBER DOLMASI 163
54. IZGARA TOFU KARELERI 166
55. PESTO ILE DOLDURULMUŞ KARIDESLER 168
56. IZGARA CIPS 171
57. DOLDURULMUŞ VE IZGARA MISIR KABUĞU 173
58. ELMALI TATLI PAKETLERI 177
59. FIRINDA DOLDURULMUŞ ELMALAR 179
60. DOLDURULMUŞ ELMALARI IZGARA YAPIN 181
61. KARIDESLI MANTAR DOLMASI 185

62. Mavi Peynırlı Karides 188
63. Biberli Deniz Ürünleri Sosisi 190
64. Istakoz sosisi 193
65. Fırında doldurulmuş istiridye 195
66. Kinoa dolgulu Poblanos 197
67. Kinoa ve meyve dolması 200
68. Kinoa ve fındık sosu 203
69. Kinoa dolması biber 205
70. Kinoa brokoli rabe 208
71. Kinoalı kabak dolması 211
72. Kinoa dolması soğan 214
73. Kinoa ile doldurulmuş domatesler 217
74. Bıtkı dolgulu kaju rostosu 219
75. Nasturtium ile doldurulmuş yumurtalar 222
76. Otlu mısır tarak 225
77. Fataya 227
78. Kabarık Akara Topları 230
79. Midye Dolması Mantar Kapakları 233
80. Tarhun Kuzu 236
81. Kasha Doldurma ile Cornish Av Tavuğu 239
82. Doldurulmuş Fırında Seitan Kızartma 242
83. Seitan En Croute 245
84. Karidesli Tofu Dolması 248
85. Domuz Domuzlu Tofu Üçgenleri 251
86. Su teresi ile doldurulmuş tofu 254
87. Ispanaklı Manicotti 257
88. Portakal Soslu Tortellini 260
89. Enginar-Cevizli Mantı 263
90. Doldurulmuş Tavuk Kanadı 267
91. Akdeniz İçi Köfte 270
92. Zeytinli Köfte 273
93. Lahana turşusu topları 276
94. Hindi ve içli köfte 279
95. Peynırlı Köfte 282

96. Tavuklu salata topları 285
97. Mikro Yeşil Dolması Omlet 287
98. Roka Üzerinde Tatlı Patates Dolması 290
99. Mikroyeşil Doldurulmuş kabak ruloları 293
100. Mikro Yeşillikli Patates Yuvaları 297

ÇÖZÜM 301

GİRİİŞ

Doldurma veya doldurma, başka bir gıda maddesinin hazırlanmasında bir boşluğu doldurmak için kullanılan, genellikle otlar ve ekmek gibi bir nişastadan oluşan yenilebilir bir karışımdır. Kümes hayvanları, deniz ürünleri ve sebzeler dahil olmak üzere birçok yiyecek doldurulabilir. Bir pişirme tekniği olarak doldurma, nemin korunmasına yardımcı olurken, karışımın kendisi, hazırlanması sırasında lezzetleri artırmaya ve emmeye hizmet eder.

Popüler doldurma türü, genellikle galeta unu, soğan, kereviz, baharatlar ve adaçayı gibi otlardan sakatatlarla birleştirilen Kümes Hayvanı doldurmadır. İlaveler ayrıca kuru meyveler ve sert kabuklu yemişleri (kayısı ve kuşbaşı badem gibi) ve kestaneyi içerebilir.

Bu yaratıcı tarifler, çeşitli malzemeleri ve dokuları birleştirmenin sıradan bir yemeği lezzetli bir yemeğe dönüştürebileceğini kanıtlıyor. Bu nedenle, bir dahaki sefere akşam yemeğinize, öğle yemeğinize veya ara öğünlerinize daha fazla lezzet katmanın bir yolunu aradığınızda, ancak birden fazla farklı tarifi karıştırmak istemiyorsanız, "doldurma" sanatını deneyin. Bu hepsi bir arada doldurulmuş yiyecekleri seveceğinizi garanti ederim!

1. Pastırma sarılı peynir köpekleri

Verim: 4 Porsiyon

Bileşen

- 4 Sosisli sandviç, uzunlamasına yarık
- 4 dilim pastırma
- 1 dilim Amerikan peyniri, dilimlenmiş
- 4 Sosisli çörek
- Hardal, tatmak

Talimatlar:

a) Pastırmayı bir rafta yüksekte 3 dakika veya neredeyse bitene kadar mikrodalgada pişirin.

b) Sosisli sandviçleri pastırmaya sarın ve kürdan ile sabitleyin.

c) Peynir şeritlerini sosisli çöreklerin içine doldurun.

d) Sarılı sosisli sandviçleri sosisli çöreklerin üzerine yerleştirin ve mikrodalga rafına yerleştirin.

e) Peynir eriyene kadar üstüne ve mikrodalgaya bir kağıt havlu koyun.

2. Tunus Fricassée

İçindekiler:

ekmek için

- 5 su bardağı un
- 2 yumurta
- 2 yemek kaşığı maya
- 1/2 su bardağı sıvı yağ
- 2 yemek kaşığı ılık su
- 1 yemek kaşığı tuz
- bir tutam şeker

Doldurma, Izgara veya Kavrulmuş İçin

- harissasos (acı biber sosu)
- 8 domates
- 4 adet biber (kırmızı veya yeşil)
- 8 diş sarımsak, kıyılmış
- 8 onsluk bir ton balığı konservesi
- 4 yumurta, haşlanmış
- Yeşil ve siyah zeytin
- kapari
- 2 patates, haşlanmış
- Tatmak için tuz, karabiber, zeytinyağı ve limon

Talimatlar:

a) Büyük bir kapta mayayı iki yemek kaşığı ılık suya koyun, bir veya iki yemek kaşığı un ekleyin ve iyice karıştırın. Karışım çok ince veya kalın olmamalıdır. Üzerini bir bezle örtüp bir saat mayalanmaya bırakın.

b) Bu arada kuru malzemeleri geniş bir kapta (un, tuz ve şeker) karıştırın. Ortasında bir delik açın ve mayalama maddesini (maya, su ve un), yarım su bardağı sıvı yağı ve iki yumurtayı ekleyin. Hamuru elinizle veya mikserde yaklaşık 10 dakika ya da iki parmak arasında gerildiğinde dağılamayana kadar yoğurun. Üzerini örtüp ılık bir yerde en az bir saat mayalanmaya bırakın.

c) Hamur iki katına çıktıktan sonra yoğurun ve 20 top oluşturun. Topları uzun çörekler haline getirin ve yaklaşık 30 dakika veya iki katına çıkana kadar ılık bir yerde yükselmeye bırakın.

d) Yağı ısıtın ve çörekleri altın kahverengi olana kadar kızartın.

e) Kağıt havlu üzerinde kurutun, bir tarafını ikiye bölün, harissayı bolca yayın ve dilediğiniz iç harcı ekleyin.

f) doldurma için: Domatesleri, biberleri ve sarımsağı ızgara yapın ve küçük parçalar halinde kesin. Haşlanmış iki patatesi küp küp doğruyoruz.

Ayrıca konserve ton balığı, doğranmış katı yumurta, kapari ve zeytin eklemeyi de tercih edebilirsiniz. Tuz ve karabiber, bir çiseleyen zeytinyağı ve birkaç damla limon suyu ile tatlandırın.

g) 20 yapar

3. Tavuk Doldurma Sandviç

İçindekiler:
- Dilimlenmiş pişmiş tavuk göğsü
- Dilimlenmiş beyaz tava (ekmek)
- Tereyağı
- mayonez
- İstifleme

Talimatlar:

a) Tereyağı ve mayonez ile iki dilim beyaz dilimlenmiş ekmek sürün. Üzerine haşlanmış tavuk dilimlerini dizin. Maydanoz ve kekik veya adaçayı ve soğan doldurma ile doldurun. Çapraz olarak ortadan ikiye kesip servis yapın.

b) İç harcı için ince doğranmış soğanı tereyağında yumuşayıncaya kadar kavurun. Doğranmış otları ve ekmek kırıntılarını ekleyin ve iyice karıştırın. Tuz ve karabiberle tatlandırın ve tatlar birleşene kadar yavaşça pişirin.

4. Tatlı Patates Dolması

SERVİSLER: 1

İçindekiler:

- 1 su bardağı su
- 1 tatlı patates
- 1 yemek kaşığı saf akçaağaç şurubu
- 1 yemek kaşığı badem yağı
- 1 yemek kaşığı kıyılmış pekan cevizi
- 2 yemek kaşığı yaban mersini
- 1 çay kaşığı chia tohumu
- 1 çay kaşığı köri ezmesi

Talimatlar:

a) Hazır tencerenize bir bardak su ve buharlı pişirici rafını ekleyin.

b) Kapağı kapatın ve salma valfinin doğru konumda olduğundan emin olarak tatlı patatesi rafa yerleştirin.

c) Instant Pot'u manuel olarak 15 dakika yüksek basınca kadar önceden ısıtın. Basıncın oluşması birkaç dakika sürecektir.

d) Zamanlayıcı kapandıktan sonra, basıncın 10 dakika boyunca doğal olarak düşmesine izin verin. Kalan basıncı boşaltmak için tahliye vanasını çevirin.

e) Şamandıra valfi düştüğünde, kapağı açarak tatlı patatesi çıkarın.

f) Tatlı patates işlenecek kadar soğuduğunda, ikiye bölün ve eti bir çatalla ezin.

g) Cevizler, yaban mersini ve chia tohumları ile doldurun, ardından akçaağaç şurubu ve badem yağı ile gezdirin.

5. Körili Mantar Dolması

SERVİSLER: 5

İçindekiler:

- ¼ fincan mayonez
- 1 çay kaşığı sarımsak tozu
- 1 küçük sarı soğan, doğranmış
- 24 ons beyaz mantar kapakları
- 1 ve ½ su bardağı su
- Damak zevkinize göre tuz ve karabiber
- 1 çay kaşığı köri tozu
- 4 ons krem peynir, yumuşak
- ¼ fincan hindistan cevizi kreması
- ½ fincan Meksika peyniri, rendelenmiş
- 1 su bardağı karides, pişmiş, soyulmuş, ayıklanmış ve doğranmış

Talimatlar:

a) Mayonez, sarımsak tozu, soğan, köri tozu, krem peynir, krema, Meksika peyniri, karides, tuz ve karabiberi bir karıştırma kabında birleştirin, ardından mantarları karışımla doldurun.

b) Hazır tencerenizi yarısına kadar suyla doldurun, buhar sepetini içine yerleştirin, mantarları ekleyin, örtün ve 14 dakika Yüksekte pişirin.

c) Bir tabakta mantarları düzenleyerek meze olarak servis yapın.

6. Domates ve Mantar

SERVİSLER: 4

İçindekiler:

- 4 domates, tepesi kesilmiş ve posası doğranmış
- ½ su bardağı su
- Damak zevkinize göre tuz ve karabiber
- 1 sarı soğan, doğranmış
- 1 yemek kaşığı yağ
- 2 yemek kaşığı kereviz, doğranmış
- ½ su bardağı mantar, doğranmış
- 1 su bardağı süzme peynir
- ¼ çay kaşığı kimyon tohumu
- 1 yemek kaşığı maydanoz, doğranmış

Talimatlar:

a) Hazır tencerenizi sote moduna getirin, ardından yağı ekleyin, ısıtın, ardından soğan ve kerevizi ekleyin, karıştırın ve üç dakika pişirin.

b) Domates posasını, mantarları, tuzu, biberi, peyniri, maydanozu ve kimyon tohumlarını ekleyin, iyice karıştırın ve domatesleri doldurmadan önce 3 dakika daha pişirin.

c) Hazır tencerenize suyu, buhar sepetini ve doldurulmuş domatesleri ekleyin, örtün ve 4 dakika Yüksekte pişirin.

d) Meze olarak servis yapmak için bir tabağa domates koyun.

7. peynirli patates

SERVİSLER: 5

İçindekiler:

- 5 orta boy patates
- 2 su bardağı su
- 1/4 su bardağı çedar peyniri; parçalanmış
- 1/4 su bardağı mozzarella peyniri; parçalanmış
- 1 çay kaşığı kırmızı pul biber
- 1 çay kaşığı. köri tozu
- 1½ yemek kaşığı tereyağı
- Tatmak için biber ve tuz

Talimatlar:

a) Tüm patatesleri ortasından delin ve üstte bir yarık kesin.

b) Patateslere peynir, tereyağı, tuz, karabiber, köri ve pul biber ekleyin.

c) Instant Pot'un içine bir buharlı nihale yerleştirin ve suyla doldurun.

d) Doldurulmuş patatesleri, delikli tarafı yukarı gelecek şekilde sacayağının üzerine yerleştirin.

e) Hazır tencerenin kapağını kapatın ve 20 dakika yüksek basınçta pişirin.

f) Doğal bir serbest bırakma yapın ve zamanlayıcı kapandığında hazır tencere kapağını açın.

g) Patatesleri bir tabağa alıp tuz ve karabiber serpin.

8. Ricotta Doldurulmuş Patlıcan Yuvarları

VERİM: 12

TOPLAM SÜRE :1 saat 58 dakika

İçindekiler:

- 1 Orta Boy Patlıcan
- Deniz tuzu

dolgu

- 6 oz. Ricotta peyniri
- 1/4 su bardağı Parmesan Peyniri
- 3 Yemek Kaşığı Taze Maydanoz
- 1 çay kaşığı Sarımsak Tozu
- 1 yumurta

ekmek

- 2 yumurta
- 1,5 su bardağı domuz eti kabuğu kırıntısı
- 2 çay kaşığı İtalyan Baharatı
- 1/4 su bardağı Parmesan Peyniri (ekmek için)

Talimatlar:

a) Patlıcanı 1/2 inçlik turlar halinde dilimleyin. Kağıt havlu serilmiş fırın tepsisine dizin ve üzerine deniz tuzu serpin. Bunun üzerine kağıt havlu ve başka bir fırın tepsisi yerleştirin. 30 dakika boyunca fazla suyu çıkarmak için tavayı ağırlaştırmak için kaseler veya tabaklar ekleyin.

b) Dilimlenmiş patlıcan terlerken ricotta, parmesan, maydanoz ve bir yumurtayı bir kasede birleştirin ve bir kenara koyun.

c) Patlıcanın üzerindeki kağıt havluları çıkarın ve fazla tuzu silin. Her turtanın üzerine bir çorba kaşığı ricotta karışımını yayın ve bir tereyağı bıçağıyla patlıcanın üzerine eşit şekilde yayın. Tüm patlıcan dilimleri ile tekrarlayın.

d) Ricotta kaplı patlıcan turtalarını bir fırın tepsisine yerleştirin ve donması için dondurucuya koyun.

e) Bir kez, iki yumurtayı bir tabağa ekleyin ve ardından domuz kabuklarını, 1/4 fincan parmesan ve İtalyan baharatlarını ayrı bir tabakta birleştirin. Her bir patlıcan parçasını önce yumurta yıkamaya sonra da domuz kabuğu karışımına bulayın. Eşit şekilde kaplamak için gerektiği kadar bastırın.

f) Her turtayı tekrar fırın tepsisine yerleştirin ve yaklaşık 30-45 dakika ayarlamak için tekrar dondurucuya koyun.

g) Hava fritözünde 375 F'de sadece 8 dakika, çıtır altın kahverengi bir kaplama ve mükemmel pişmiş patlıcan elde etmek için mükemmel bir süre.

9. Yengeç Mantar Dolması

Toplam Süre: 31 dakika

Verim: 3 kişilik

İçindekiler:

- 8 ons mantar

İstifleme:

- 8 ons yengeç eti, doğranmış
- 2 yeşil soğan, ince doğranmış
- 1/4 su bardağı mayonez
- 1/3 su bardağı Parmesan peyniri
- 1 çay kaşığı maydanoz
- 1/4 çay kaşığı kırmızı biber
- Tuz ve karabiber serpin

Talimatlar:

a) Hava fritözünü 380 dereceye kadar önceden ısıtın.

b) Mantarları nemli bir kağıt havluyla silerek temizleyin. Mantarların saplarını koparın ve iç solungaçların bir kısmını çıkarmak için bir kaşık kullanın.

c) Hava fritözüne pişirme spreyi veya folyo ile hafifçe püskürtün.

d) Orta boy bir kapta, doldurma malzemelerini karıştırın.

e) Her mantarı yengeç dolgusu ile eşit şekilde doldurun.

f) Mantarları hava fritözüne tek bir tabaka halinde ekleyin. Üst üste gelmeyin. Kullandığınız mantarların boyutuna bağlı olarak bunu gruplar halinde yapmanız gerekebilir.

g) 9 dakika ya da doldurma kahverengileşmeye başlayana ve mantarlar yumuşayana kadar pişirin.

10. Hava fritözü Caprese doldurulmuş tavuk

Toplam Süre: 35 dakika

Verim: 23 porsiyon

İçindekiler:

- 2 büyük kemiksiz, derisiz tavuk göğsü (yaklaşık 1 pound)
- 1 roma domates, dilimlenmiş
- 1/4 pound taze mozzarella, yaklaşık 1/4 inç kalınlığında dilimlenmiş
- 6 taze fesleğen yaprağı
- 1 yemek kaşığı İtalyan baharatı
- 1 çay kaşığı tuz
- 1/2 çay kaşığı biber
- 1 çay kaşığı sızma zeytinyağı
- 1 çay kaşığı balzamik sirke (isteğe bağlı)
- Bir tutam tuz ve karabiber

Talimatlar:

a) Caprese doldurulmuş tavuğu hazırlayın: Her bir tavuk göğsünün kalın tarafına geniş bir cep dilimleyin, neredeyse diğer tarafa doğru kesin, ancak tamamen değil. Tereyağlı tavuğu açın. Tavuğu yağla eşit şekilde gezdirin ve tuz ve karabiberle tatlandırın.

b) Her tavuk göğsünün sağ yarısına mozzarella dilimleri, domates dilimleri ve taze fesleğeni yerleştirin.

c) Kelebek tavuğun sol tarafını dikkatlice sağ tarafa katlayın ve 24 kürdan ile kapatın.

d) Her göğsün üstünü İtalyan baharatı ve bir tutam tuz ve karabiberle tatlandırın.

e) Her terbiyeli tavuk göğsünün üzerine pişirme spreyi püskürtün

f) Hava fritözünü 350 derece F'ye önceden ısıtın.

g) Sepeti bir hava fritözü astarı veya folyo ile hizalayın. Hazırladığınız doldurulmuş tavuk göğüslerini ekleyin.

h) 350 derece 2530 dakika veya tavuğun iç sıcaklığı 165 derece F'ye ulaşana kadar pişirin.

i) Servis yapmadan önce (kullanıyorsanız) balzamik sirke ile gezdirin.

11. Bezelyeli Kabak Mantı

4 porsiyon yapar

İçindekiler

- 1 su bardağı konserve kabak püresi
- 1/2 su bardağı ekstra sert tofu, ufalanmış
- 2 yemek kaşığı kıyılmış taze maydanoz
- Bir tutam öğütülmüş hindistan cevizi
- Tuz ve taze çekilmiş karabiber
- 1Yumurtasız Makarna Hamuru
- 2 veya 3 orta arpacık, dilimlenmiş
- 1 su bardağı dondurulmuş bezelye, çözülmüş

Talimatlar

a) Kabak ve tofudan fazla sıvıyı almak için bir kağıt havlu kullanın, ardından bir mutfak robotunda besin mayası, maydanoz, hindistan cevizi ve tadına göre tuz ve biberle birleştirin. Kenara koyun.

b) Mantıyı yapmak için, makarna hamurunu hafifçe unlanmış bir yüzeyde ince bir şekilde açın. Hamuru kesin

c) 2 inç genişliğinde şeritler. 1 tepeleme çay kaşığı doldurmayı, üstten yaklaşık 1 inç uzakta, 1 makarna şeridinin üzerine yerleştirin.

d) İlk kaşık dolgunun yaklaşık bir inç altına, makarna şeridine bir çay kaşığı dolusu daha koyun.

e) Hamur şeridinin tüm uzunluğu boyunca tekrarlayın. Hamurun kenarlarını suyla hafifçe ıslatın ve ilkinin üzerine dolguyu kapatacak şekilde ikinci bir makarna şeridi yerleştirin.

f) Doldurma kısımları arasında iki hamur tabakasını birbirine bastırın. Düz hale getirmek için hamurun kenarlarını kesmek için bir bıçak kullanın, ardından kare mantı yapmak için her bir dolgu höyüğü arasında hamuru kesin.

g) Sızdırmazlık yapmadan önce doldurma etrafındaki hava ceplerini bastırdığınızdan emin olun. Mantıyı kapatmak için hamurun kenarlarına bastırmak için çatalın uçlarını kullanın.

h) Mantıyı unlanmış bir tabağa aktarın ve kalan hamur ve sos ile tekrarlayın. Kenara koyun.

i) Büyük bir tavada, yağı orta ateşte ısıtın. Arpacıkları ekleyin ve ara sıra karıştırarak, arpacık derin bir altın rengi olana kadar, ancak yanmamış olana kadar, yaklaşık 15 dakika pişirin. Bezelyeleri karıştırın ve tatmak için tuz ve karabiberle tatlandırın. Çok düşük ısıda sıcak tutun.

j) Büyük bir tencerede kaynayan tuzlu su içinde, raviolileri yukarı çıkana kadar yaklaşık 5 dakika pişirin. İyice süzün ve arpacık ve bezelye ile tavaya aktarın.

k) Tatları birbirine karıştırmak için bir veya iki dakika pişirin, ardından büyük bir servis kasesine aktarın.

l) Bol karabiber serpin ve hemen servis yapın.

12. Dolma Biber

Verim: 6 dolma biber

Toplam Süre: 50 Dakika

Zorluk: Orta

İçindekiler
- 6 Büyük Kırmızı Biber
- 1 kilo dilimlenmiş mantar,
- 1 çay kaşığı hindistan cevizi yağı
- $\frac{1}{2}$ su bardağı mısır ekmeği kırıntısı
- 1 yemek kaşığı pirinç kepeği yağı
- 1 su bardağı taze çiğ pancar, soyulmuş ve rendelenmiş
- $\frac{1}{2}$ soğan, ince dilimlenmiş
- 1 su bardağı sebze suyu

Talimatlar:

a) Fırını 375 ° F'ye ısıtın.

b) Bir tavada hindistancevizi yağını ısıtın ve mantarları soteleyin.

c) Her biberin üst kısımlarını çıkarın. Biberlerin içini çıkarın ve temizleyin.

d) Büyük bir karıştırma kabında, diğer tüm malzemeleri birleştirin. Tuz ve karabiberle tatmak için baharatlayın.

e) Biberleri karışımla gevşek bir şekilde doldurun ve birbirine yakın bir fırın tepsisine yerleştirin.

f) Tencerenin dibine 1 inç sıcak su koyun.

g) 45 dakika pişirin.

h) Tavayı ısıdan çıkarın ve servis yapın.

13. Şükran günüMantar dolması

Verim: 4

Toplam Süre: 20 Dakika

Zorluk: Orta

İçindekiler
- 8 büyük cremini veya beyaz mantar
- $\frac{1}{2}$ su bardağı mısır unu
- 1 su bardağı hindistan cevizi sütü
- 1 su bardağı doğranmış kırmızı pancar
- $\frac{1}{2}$ su bardağı rendelenmiş havuç

Talimatlar:

a) Mantarların saplarını çıkarın, fırçalayın, yıkayın ve 475 derece F'de 5 dakika kaynatmak için bir fırın tepsisine yuvarlak tarafları yukarı gelecek şekilde yerleştirin.

b) Mantar saplarını, mısır unu, pancar, havuç ve hindistancevizi sütünü bir mutfak robotunda birleştirin.

c) İç harcı küçük bir tavada 5 dakika pişirin. Bir macun haline getirin.

d) Kapakları fırından çıkarın ve her mantar kapağına bir golf topu büyüklüğünde dolgu kaşığı koyun.

e) Fırını önceden 400°F'ye ısıtın ve doldurulmuş mantar kapaklarını 15 dakika pişirin.

f) Fırından çıkarın, fesleğenle süsleyin ve hemen servis yapın.

14. Fırında Pişmiş Elma

Verim: 4

Toplam Süre: 30 Dakika

Zorluk: Kolay

İçindekiler:
- 4 büyük elma, özlü
- 4 yemek kaşığı esmer şeker
- 1 çay kaşığı siyah üzüm pekmezi
- 1 yemek kaşığı organik beyaz şeker
- 1/8 çay kaşığı tarçın
- 1 çay kaşığı hindistan cevizi yağı
- 1/4 su bardağı ince kıyılmış ceviz
- 1 yemek kaşığı kıyılmış hurma veya kuru üzüm
- 1/4 su bardağı sıcak su

Talimatlar:

a) Bir karıştırma kabında, su hariç tüm malzemeleri bir macun oluşana kadar birleştirin.

b) Bir tencereye yarısına kadar su doldurun ve elmaları ekleyin.

c) Hamuru her elmanın ortasına doldurun

d) Bir şiş ile hassasiyeti kontrol ederek 350 derece F'de 30 dakika pişirin.

e) Sıvıyı bir tavaya dökün ve kaynatarak şurup haline getirin.

f) Elmaları şurupla gezdirin ve servis yapın.

15. Pastırma sarılmış köfte

Verim: 10

Toplam Süre: 30 Dakika

Zorluk: Kolay

İçindekiler

- 1 paket (26 oz.) Köfte
- 1 paket pastırma, şeritler halinde dilimlenmiş
- 1 şişe ballı barbekü sosu

Talimatlar:

a) Fırını önceden 400 derece Fahrenheit'e ısıtın.

b) Parşömen kağıdı ile 17 "x 11" fırın tepsisini hizalayın.

c) Her köftenin etrafına bir pastırma diliminin üçte birini sarın ve bir kürdan ile sabitleyin.

d) Sarılı köfteleri parşömen kağıdına tek sıra halinde koyun ve 20-25 dakika veya pastırma pişene kadar pişirin.

e) Köfteleri tavadan çıkarın ve ballı barbekü sosuyla fırçalayın.

f) Köfteleri 5 dakika daha fırına vererek barbekü sosunu karamelize edin.

16. Adobo Tereyağlı Hindi

Verim: 6-8 Porsiyon

İçindekiler
adobo sosu için

- 4 adet kurutulmuş pasilla şili
- 3 adet kurutulmuş ancho chiles
- 2 adet kurutulmuş chipotle chiles
- 4 diş sarımsak
- ¼ fincan elma sirkesi
- 5 yemek kaşığı portakal suyu
- 2 yemek kaşığı zeytinyağı
- 1 yemek kaşığı taze kekik
- 2 çay kaşığı kuru kekik
- 1 çay kaşığı kimyon
- ½ çay kaşığı tarçın ½ çay kaşığı yenibahar
- ¼ çay kaşığı karanfil

türkiye için

- 1 12-14 pound hindi

- Koşer tuzu ve karabiber, tadı

- 4 baş sarımsak, yarıya

- 6 mandalina, yarıya

Adobo tereyağı için:

- 1 su bardağı tuzsuz tereyağı, oda sıcaklığında

- ¼ fincan adobo sosu

Talimatlar:

a) Fırını önceden 350 derece Fahrenheit'e ısıtın.

b) Adobo sosunu hazırlayın: Bir karıştırıcıda tüm malzemeleri birleştirin ve pürüzsüz olana kadar püre haline getirin. 1/4 fincan adobo sosu bir kenara bırakılmalıdır.

c) Adobo tereyağını yapmak için, tereyağı ve ayrılmış 14 fincan adobo sosu bir mikserde krema kıvamına gelene kadar karıştırın.

d) Hindiyi (içte ve dışta) adobo sosuyla bir kızartma tavasında kaplayın.

e) Hindiyi gece boyunca buzdolabına koyun, kızartma tavası kapağı veya plastik sargı ile örtün.

f) Hindiyi buzdolabından çıkarın ve tezgahta 1 saat dinlenmeye bırakın.

g) Kuşun boşluğuna sarımsak ve clementine doldurun.

h) Kuşun dışını kaşer tuzu ve karabiberle baharatlayın. İstenirse, kuşun bacaklarını bağlayın.

i) Yaklaşık 3 1/2 saat veya tavuğun iç sıcaklığı 160 dereceye ulaşana kadar kızartın.

j) Pişmiş hindinin oymadan önce dinlenmesi için en az 30 dakika bekleyin.

17. Elmalı Türkiye

Verim: 8 Porsiyon

Toplam Süre: 4 Saat

Zorluk: Orta

İçindekiler
- 1 (12 ila 14 pound) hindi
- 1 çay kaşığı tuz
- 1/2 çay kaşığı karabiber
- 3 elma, özlü ve dörde bölünmüş
- 1 (12 ons) elma suyu konsantresi
- 1 3/4 su bardağı tavuk suyu
- 1 1/2 çay kaşığı ovuşturulmuş adaçayı

Talimatlar:
a) Fırını 325 ° F'ye önceden ısıtın.
b) Alüminyum folyo ile bir kızartma tavası hizalayın.
c) Hindiyi önceden ısıtılmış kızartma tavasına koyun ve hem içini hem dışını tuz ve karabiberle tatlandırın; boşluğu elmalarla doldurun.
d) Elma suyu konsantresini hindinin üzerine dökün ve tavayı tavuk suyuyla doldurun.

e) Folyo ile gevşek bir şekilde örtün ve 3 saat boyunca kızartın, her 30 dakikada bir tava suları ile kızartın.

f) Folyoyu çıkarın ve 30 ila 60 dakika daha kavurmaya devam edin veya hindi artık pembe olmayana kadar, meyve suları berrak bir şekilde akar ve uyluğun en kalın kısmına yerleştirilmiş bir et termometresi 180 ila 185 derece F okur.

g) Kesmeden önce 15 ila 20 dakika dinlenmeye izin verin.

18. Kayısı Doldurulmuş Cornish Tavukları

Verim: 6 Porsiyon

Toplam Süre: 1 Saat 10 Dakika

Zorluk: Orta

İçindekiler

- 3 bardak kayısı nektarı, bölünmüş
- 3 yemek kaşığı tereyağı
- 3 bardak doldurma karışımı
- 3 yemek kaşığı kıyılmış badem
- 6 (1 pound) Cornish tavuğu
- 1 yemek kaşığı tavuk baharatı
- 1 1/2 çay kaşığı tuz
- 2 yemek kaşığı bitkisel yağ
- Bal

Talimatlar:

a) Fırını 350 derece Fahrenheit'e ısıtın.

b) 1-1/2 bardak nektarı ve tereyağını orta boy bir tencerede birleştirin ve orta ateşte kaynatın.

c) Tavayı ocaktan alın ve iç harcı ve bademleri ekleyip çırpın; örtün ve 5 dakika bekletin.

d) Her tavuğun içine 1/2 bardak doldurma karışımı doldurun.

e) Kümes hayvanları baharatını, tuzu ve yağı küçük bir kapta veya kapta birleştirin ve her bir tavuğu iyice ovalayın.

f) Kuşları, büyük bir kavurma tavasının dibine kalan 1-1/2 bardak nektarın içine yerleştirin.

g) 30 dakika kızartın, ardından bal ile yağlayın ve 30 dakika daha ya da cilt altın rengi olana kadar kızartın.

h) Yanında damlamaları servis edin.

19. Şükran Günü Pizzası

Verim: 8 Dilim

Toplam Süre: 20 Dakika

Zorluk: Orta

İçindekiler:

- 1 adet gözleme tipi pizza hamuru
- 3/4 su bardağı kızılcık sosu
- 1.5-2 su bardağı Pişmiş hindi, Rendelenmiş
- 2- 2,5 su bardağı Keskin Beyaz Kaşar, Rendelenmiş
- 1.5-2 su bardağı Doldurma, Pişmiş
- 1 su bardağı Sos

Talimatlar:

a) Fırını (veya ızgarayı!) yaklaşık 425 derece Fahrenheit'e ısıtın.

b) Pizza hamurunun üzerine bir kat kızılcık sosu sürün.

c) Rendelenmiş hindiyi kızılcık sosunun üzerine koyun ve hafifçe bastırın.

d) Dolguyu hindinin üzerine koyun ve hafifçe bastırın.

e) Rendelenmiş peynirle doldurun ve 8 dakika veya peynir eriyene kadar pişirin.

f) Pizza pişerken sosu ısıtın.

g) Pizzanın üstüne büyük bir sos girdabı ekleyin.

h) Garnitür olarak maydanozla servis yapın.

20. Kıyılmış domuz wonton

İçindekiler:

- 2 ons zencefil parçası, soyulmuş
- 1/4 su bardağı su
- İdeal olarak yaklaşık %30 yağ içeren 16 ons kıyılmış domuz eti
- 1 yumurta, çırpılmış
- 1 yemek kaşığı susam yağı
- 1 çay kaşığı pirinç şarabı veya kuru şeri
- 3/4 çay kaşığı tuz
- 1/4 çay kaşığı beyaz biber
- 3 yemek kaşığı tavuk veya domuz eti suyu
- 100 mağazadan satın alınan wonton sarmalayıcı

Talimatlar:

a) Zencefili iyice dövün ve aromasını serbest bırakın ve 1/4 su bardağı suda bekletin.

b) Kıyılmış domuz eti, zencefil, çırpılmış yumurta, susam yağı, pirinç şarabı, tuz ve beyaz biberden gelen ıslatma suyuyla karıştırın. Karışıma nem eklemek için bir seferde yarım çay kaşığı tavuk veya domuz eti ekleyin.

c) Bir yandan bir wonton sargısı ile, yaklaşık 1/2 yemek kaşığı dolgu ile doldurun. Sargıyı bir üçgene katlayarak kapatın. İki taraftan hafifçe bastırarak kapatın.

d) Üçgenin iki ucunu alın ve uçlar birleşip hafifçe üst üste gelene kadar aşağı doğru katlayın. Uçları bağlamak için basın.

e) Büyük bir tencerede kaynar su hazırlayın.

f) Köfteleri bir seferde birkaç tane olacak şekilde suya, kalabalık olmayacak şekilde koyun ve içi pişene kadar (yaklaşık üç dakika) kaynatın.

g) Süzün ve baharatın üstüne koyun. Hafifçe karıştırın.

h) İstenirse, doğranmış yeşil soğan veya kişniş veya ince doğranmış çiğ sarımsak veya zencefil ile süsleyin.

21. Peynir dolması pastırma sarılmış sosisli sandviç

İçindekiler

- 6 Sosisli Sandviç
- 12 dilim pastırma
- 2 oz. Çedar peyniri
- 1/2 çay kaşığı Sarımsak Tozu
- 1/2 çay kaşığı Soğan Tozu
- Tatmak için biber ve tuz

TALİMATLAR

a) Fırını 400F'ye önceden ısıtın. Peynire yer açmak için tüm sosisli sandviçlerde bir yarık yapın.

b) 2 oz dilimleyin. Çedar peyniri bir bloktan küçük uzun dikdörtgenlere ve sosisli sandviçlere doldurun.

c) Sosisli sandviçin etrafına bir dilim pastırmayı sıkıca sararak başlayın.

d) İkinci dilim pastırmayı, ilk dilimle hafifçe üst üste gelecek şekilde sosisli sandviçin etrafına sıkıca sarmaya devam edin.

e) Pastırmayı yerine sabitleyerek pastırma ve sosisli sandviçin her iki yanından kürdan sokun.

f) Bir çerez sayfasının üstündeki bir tel rafa yerleştirin. Sarımsak tozu, soğan tozu, tuz ve karabiber ile tatlandırın.

g) 35-40 dakika ya da domuz pastırması çıtır çıtır olana kadar pişirin. Ek olarak, gerekirse pastırmayı üstüne kızartın.

h) Bazı lezzetli kremalı ıspanak ile servis yapın!

22. Peynir dolması pastırma çizburger

İçindekiler

- 8 oz. Dana kıyma
- 2 dilim pastırma, önceden pişirilmiş
- 1 oz. Mozzarella peyniri
- 2 oz. Çedar peyniri
- 1 çay kaşığı Tuz
- 1/2 çay kaşığı Biber
- 1 çay kaşığı Cajun Baharatı
- 1 Yemek Kaşığı Tereyağı

TALİMATLAR

a) Kıymayı tüm baharatlarla baharatlayın ve hafifçe karıştırın.

b) Peyniri 1 oz küp küp doğrayarak hazırlayın. Mozzarella ve dilimleme 2 oz. Cheddar'ın.

c) Kıyma ile kaba köfteler oluşturun ve mozzarella peynirini sığır eti ile kaplayacak şekilde içine koyun.

d) 1 yemek kaşığı tereyağını (burger başına) bir tavada ısıtın ve köpürene ve sıcak olana kadar bekleyin.

e) Tavaya burger ekleyin.

f) Bir örtü ile örtün ve 2-3 dakika pişirin.

g) Hamburgeri ters çevirin ve üzerine kaşar peynirini koyun. Klozeti tekrar üstüne koyun ve istenen sıcaklığa ulaşılana kadar, yaklaşık 1-2 dakika daha pişirin.

h) Pastırma dilimini ikiye bölün ve burgerin üzerine yerleştirin. Zevk almak!

23. Doldurulmuş domuz bonfile ve kavrulmuş turp

İçindekiler
Domuz Domuz

- 2 lb. Domuz Bonfile
- 3 çay kaşığı Koşer Tuz
- 1 çay kaşığı Biber
- 1 1/2 çay kaşığı Soğan Tozu
- 1 çay kaşığı Sarımsak Tozu ve 2 çay kaşığı Kekik ve 2 çay kaşığı Biberiye
- 1 lb. Kıyılmış Domuz Sosis
- oz. Bebek Bella Mantarları
- 3 oz. Ispanak
- 1/2 çay kaşığı Kekik
- 1/2 çay kaşığı Biberiye
- 1/4 çay kaşığı Sarımsak Tozu
- 1/4 çay kaşığı Soğan Tozu
- Tatmak için biber ve tuz

kavrulmuş turp

- 16 oz. Kırmızı turp
- 4 Yemek Kaşığı Ördek Yağı
- 1 çay kaşığı Biberiye
- Tatmak için biber ve tuz

TALİMATLAR

a) Domuz bonfilesini kelebekleyerek başlayın. Bunu iki yoldan biriyle yapabilirsiniz.

b) İlk yol, bıçağınızı bonfile tabanından yaklaşık bir inç uzağa çalıştırmaktır. Bir marangoz gibi yavaşça "yuvarlayın". Diğeri 2 kesim yapmaktır. Biri, domuzun dibinden yukarıya doğru üçte birini kesin. Resimde gösterildiği gibi ortadan ikiye yayın ve daha sonra aynı işlemi kalın taraf için de yapın.

c) Bu, artık her iki tarafını tuz, biber, soğan tozu, sarımsak tozu, kekik ve biberiye ile baharatlayabileceğiniz uzun bonfile ile sonuçlanmalıdır. Mantarları dilimleyin ve fırını 400F'ye ısıtın.

d) Bir tavada sosisleri orta ateşte pişirmeye başlayın. Sucuklar kızarmaya başlayınca bir spatula ile parçalayın ve mantar, tuz, karabiber, soğan tozu, sarımsak tozu, kekik, biberiye ve istediğiniz ekstra baharatları ekleyin.

e) Ispanağı bir an için solması için tavaya ekleyin. Hepsini eşit şekilde dağıtmak için her şeyi karıştırın.

f) Karışımı bonfilenin üzerine dökün ve eşit şekilde yayın.

g) Domuz eti en küçük taraftan en büyük tarafa doğru yuvarlayın. Kasap ağına sarın veya sicim ile bağlayın ve fırına verin. Bunu 400F'de 50-60 dakika veya termometre 140F okuyana kadar pişirin.

h) Bu arada turpunuzun tamamını ikiye bölün ve ördek yağı, tuz, karabiber ve biberiye ile bir torbaya koyun. Domuz eti pişerken bunun oturmasına izin verin.

i) Domuz eti piştikten sonra fırından çıkarın ve fırını 450F'ye çevirin. Domuz eti dinlenmek için folyoya sarın ve turpları 30-35 dakika kızartın.

j) En sevdiğiniz yağlı tarafınızla servis yapın! Buna eşlik edecek favorim kremalı ıspanak olurdu.

24. İtalyan dolması köfte

İçindekiler

- 1 1/2 lb. Kıyma (80/20)
- 1 çay kaşığı kekik
- 1/2 çay kaşığı İtalyan Baharatı
- 2 çay kaşığı kıyılmış sarımsak
- 1/2 çay kaşığı Soğan tozu
- 3 Yemek Kaşığı Domates Salçası
- 3 yemek kaşığı keten tohumu unu
- 2 büyük Yumurta
- 1/2 su bardağı zeytin, dilimlenmiş
- 1/2 su bardağı Mozzarella Peyniri
- 1 çay kaşığı Worcestershire Sosu ulaştı.
- Tatmak için biber ve tuz

TALİMATLAR

a) Büyük bir karıştırma kabına kıyma, kekik, İtalyan baharatı ve sarımsak ve soğan tozunu ekleyin. Ellerinizi kullanarak iyice karıştırın

b) Ete yumurta, salça, keten tohumu ve Worcestershire ekleyin ve tekrar karıştırın.

c) Son olarak zeytinlerinizi küçük parçalara ayırın ve rendelenmiş mozzarella peyniri ile birlikte etinize ekleyin. Her şeyi birlikte iyi karıştırın.

d) Fırınınızı 400F'ye önceden ısıtın ve ardından köfteleri oluşturmaya başlayın. Toplamda yaklaşık 20 köfte elde etmiş oluyorsunuz. Bunları folyo kaplı bir çerez kağıdına yerleştirin
e) Köfteleri 16-20 dakika veya istenilen kıvama gelene kadar pişirin.
f) Altına basit bir ıspanak salatası ile servis yapın ve çerez tabakasından fazla yağ gezdirin.

25. Doldurulmuş ekmek 'roll-up'ları

Porsiyon: 8

İçindekiler

- Ekmek hamuru

- ½ su bardağı ıspanak

- ½ su bardağı rendelenmiş mozzarella peyniri

- ½ çay kaşığı kuru ot

- ½ çay kaşığı sarımsak tozu

- ½ çay kaşığı beyaz biber

- Mevsimlik Tuz
- 1 yemek kaşığı krem peynir isteğe bağlı

Talimatlar

a) Hamuru eşit büyüklükte 8 parçaya kesin.

b) Toplar halinde yuvarlayın, hafifçe tozlanmış bir fırın tepsisine koyun ve 30 dakika prova için bir kenara koyun.

c) Her topu avuç içlerinizle düz bir diske bastırın. İç harcını hamurun ortasına koyun ve rulo şeklinde sarın.

d) Onları 30 dakika daha kanıtlamak için unlu bir tavaya koyun, dikkatlice aralıklı ve dikiş tarafı aşağı bakacak şekilde yerleştirin.

e) Provadan sonra, yaklaşık 20 dakika odun fırınına koyun.

f) Soğumaya bırakın ve ardından servis yapın.

26. Fırınlanmış Yabanmersinli Fransız Tostu

Porsiyon: 2

İçindekiler

- 8 adet dilimlenmiş taze kepekli ekmek
- 5 büyük Yumurta, çırpılmış
- 44 ml süt
- 85g Akçaağaç Şurubu
- $\frac{1}{4}$ çay kaşığı deniz tuzu
- $\frac{1}{2}$ çay kaşığı öğütülmüş tarçın
- 125 gr yaban mersini
- 6 yemek kaşığı zeytinyağı
- 8 yemek kaşığı Tereyağı

Talimatlar

a) Zeytinyağını büyük bir dökme demir tava veya tabağa dökün.

b) Yumurta, süt, akçaağaç şurubu, tuz ve tarçını geniş bir karıştırma kabında birleştirin.

c) Her dilim ekmeği sosa batırın.

d) Ekmeği tavaya koyun ve 5-10 dakika yumurta karışımına batırın.

e) Böğürtlenleri ekmeğin üzerine koyun.

f) Fırının kalan ısısında yumurta hamuru emilip ekmek altın rengi alana kadar pişirin.

g) Fırından alıp üzerine akçaağaç şurubu ve tereyağı gezdirin.

27. Pekin ördeği

Porsiyon: 4-6

İçindekiler

- 4½ lb.s. bütün ördek
- 2 yemek kaşığı sıvı bal
- 1 yemek kaşığı Szechuan karabiber
- 1 yemek kaşığı deniz tuzu
- 1 yemek kaşığı Çin beş baharat tozu
- 1 yemek kaşığı kabartma tozu
- 6 adet taze soğan, kabaca doğranmış
- 3½ ons taze zencefil, kabaca doğranmış

Hizmet etmek

- Krep
- 1 demet taze soğan
- ½ büyük bir salatalık, ince şeritler halinde kesilmiş
- hoisin sosu

Talimatlar

a) Balı ördeğin her yerine masaj yapın.

b) Bir havanda ve havanda, Szechuan karabiberlerini ve deniz tuzunu kaba bir toz haline getirin. Çin beş baharat tozunu ve kabartma tozunu karıştırın.

c) Karışımı ördeğin üzerine eşit şekilde yayın ve ballı cilde masaj yapın.

d) Boşluğa taze soğan ve zencefilin yarısını doldurun.

e) Sıcak bir odun fırınında 25-40 dakika kızartın, eşit gevrekleşmeyi sağlamak için kalıbı yarıya kadar çevirin.

f) Pişirmenin yarısında, alt tarafını da gevrekleştirmek için ördeği ters çevirin.

28. Ateşte Kavrulmuş Chorizo Jalapeños

Porsiyon: 4

İçindekiler

- 9 taze jalapeno
- ½ lb. chorizo, pişmiş ve süzülmüş
- 1 Bardak Chihuahua peyniri, rendelenmiş
- 1 küçük soğan, doğranmış
- 1 demet kişniş, doğranmış

Talimatlar

a) Dış mekan odun fırınını 500 Fahrenheit'e kadar önceden ısıtın.

b) Her jalapenodan sap uçlarını kesin ve küçük bir kaşık veya bıçakla tohumları ve kıkırdağı çıkarın.

c) Kalan malzemeleri birlikte karıştırın ve her bir jalapenoyu onlarla doldurun.

d) Biber dolması fırında kullanılabilecek bir rafa konur.

e) Rafı fırının ağzına yerleştirin.

f) Çevirmeden önce 4 dakika pişirin.

g) 4 dakika daha pişirmeye devam edin.

h) Servis yapmadan önce fırından çıkarın ve soğumaya bırakın. Lezzetli!

29. Domates Dolması

İçindekiler

- 8 küçük domates veya 3 büyük domates
- 4 haşlanmış yumurta, soğutulmuş ve soyulmuş
- 6 yemek kaşığı Aioli veya mayonez
- Tuz ve biber
- 1 yemek kaşığı maydanoz, doğranmış
- Büyük domates kullanıyorsanız 1 yemek kaşığı beyaz ekmek kırıntısı

Talimatlar:

a) Domatesleri 10 saniye kaynar suda yüzdükten sonra buzlu veya aşırı soğuk su dolu bir leğene daldırın.

b) Domateslerin üst kısımlarını kesin. Bir çay kaşığı veya küçük, keskin bir bıçak kullanarak tohumları ve iç kısımları kazıyın.

c) Yumurtaları Aioli (veya kullanıyorsanız mayonez), tuz, karabiber ve maydanoz ile bir karıştırma kabında ezin.

d) Domatesleri dolgu ile doldurun, sıkıca bastırın. Kapakları küçük domateslerin üzerine neşeli bir açıyla yerleştirin.

e) Domatesleri üste kadar doldurun, düz olana kadar sıkıca bastırın. Keskin bir oyma bıçağı kullanarak halkalara dilimlemeden önce 1 saat buzdolabında bekletin.

f) Maydanozla süsleyin.

30. Pirinç dolması biber

Porsiyon: 4

İçindekiler:

- 1 lb. 2 oz. Bomba veya Calasparra gibi kısa taneli İspanyol Pirinci
- 2-3 yemek kaşığı zeytinyağı
- 4 büyük kırmızı biber
- 1 küçük kırmızı biber, doğranmış
- 1/2 soğan, doğranmış
- 1/2 domates, kabuğu soyulmuş ve doğranmış
- 5 oz. kıyılmış / doğranmış domuz eti veya 3 oz. Tuzlu Morina
- Safran
- Doğranmış taze maydanoz
- Tuz

Talimatlar:

a) Biberlerin sap uçlarını kesip daha sonra tekrar yerleştirmek üzere kapak olarak sakladıktan sonra bir çay kaşığı ile iç zarlarını kazıyın.

b) Yağı ısıtın ve kırmızı biberi yumuşayana kadar hafifçe soteleyin.

c) Soğanı yumuşayana kadar kızartın, ardından eti ekleyin ve hafifçe kızartın, birkaç dakika sonra domatesi ekleyin, ardından pişmiş biberi, çiğ pirinci, safranı ve maydanozu ekleyin. Tatmak için tuzla tatlandırın.

d) Biberleri dikkatlice doldurun ve iç harcı dökmemeye dikkat ederek fırına dayanıklı bir tabağa kenarlarından yerleştirin.

e) Çanağı sıcak bir fırında yaklaşık 1 1/2 saat kapalı olarak pişirin.

f) Pirinç, domates ve biber sıvılarında pişirilir.

31. Tatlı Patates Dolması

SERVİSLER: 1

İçindekiler:

- 1 su bardağı su
- 1 tatlı patates
- 1 yemek kaşığı saf akçaağaç şurubu
- 1 yemek kaşığı badem yağı
- 1 yemek kaşığı kıyılmış pekan cevizi
- 2 yemek kaşığı yaban mersini
- 1 çay kaşığı chia tohumu
- 1 çay kaşığı köri ezmesi

Talimatlar:

a) Hazır tencerenize bir bardak su ve buharlı pişirici rafını ekleyin.

b) Kapağı kapatın ve salma valfinin doğru konumda olduğundan emin olarak tatlı patatesi rafa yerleştirin.

c) Instant Pot'u manuel olarak 15 dakika yüksek basınca kadar önceden ısıtın. Basıncın oluşması birkaç dakika sürecektir.

d) Zamanlayıcı kapandıktan sonra, basıncın 10 dakika boyunca doğal olarak düşmesine izin verin. Kalan basıncı boşaltmak için tahliye vanasını çevirin.

e) Şamandıra valfi düştüğünde, kapağı açarak tatlı patatesi çıkarın.

f) Tatlı patates işlenecek kadar soğuduğunda, ikiye bölün ve eti bir çatalla ezin.

g) Cevizler, yaban mersini ve chia tohumları ile doldurun, ardından akçaağaç şurubu ve badem yağı ile gezdirin.

32. Nane Karides Isırıkları

SERVİSLER: 16

İçindekiler:

- 2 yemek kaşığı zeytinyağı
- 10 ons karides, pişmiş
- 1 yemek kaşığı nane, doğranmış
- 2 yemek kaşığı eritritol
- 1/3 su bardağı böğürtlen, öğütülmüş
- 2 çay kaşığı köri tozu
- 11 prosciutto dilimi
- 1/3 su bardağı sebze suyu

Talimatlar:

a) Prosciutto dilimlerine sardıktan sonra her bir karidesin üzerine yağ gezdirin.

b) Hazır tencerenizde böğürtlen, köri, nane, et suyu ve eritritolü birleştirin, karıştırın ve 2 dakika kısık ateşte pişirin.

c) Tencereye vapur sepetini ve sarılmış karidesleri ekleyin, örtün ve 2 dakika yüksek ateşte pişirin.

d) Sarılı karidesleri bir tabağa koyun ve servis yapmadan önce nane sosuyla gezdirin.

33. Füme Bütün Ördek

İçindekiler:

- 5 pound bütün ördek (fazla yağlardan arındırılmış)
- 1 küçük soğan (dörde bölünmüş)
- 1 elma (kamalı)
- 1 portakal (dörde bölünmüş)
- 1 yemek kaşığı taze kıyılmış maydanoz
- 1 yemek kaşığı taze doğranmış adaçayı
- $\frac{1}{2}$ çay kaşığı soğan tozu
- 2 çay kaşığı füme kırmızı biber
- 1 çay kaşığı kurutulmuş İtalyan baharatı
- 1 yemek kaşığı kurutulmuş Yunan baharatı
- 1 çay kaşığı biber veya tadı
- 1 çay kaşığı deniz tuzu veya tadı

Talimatlar:

a) Ovmak için soğan tozu, biber, tuz, İtalyan baharatı, Yunan baharatı ve kırmızı biberi bir karıştırma kabında birleştirin.

b) Portakal, soğan ve elmayı ördek boşluğuna yerleştirin. Ördeği taze kıyılmış maydanoz ve adaçayı ile doldurun.

c) Ördeğin her tarafını ovma karışımıyla cömertçe baharatlayın.

d) Ördeği ızgara ızgarasına yerleştirin.

e) 2 ila 21/2 saat arasında veya ördek derisi kahverengi olana ve uyluğun iç Duman Sıcaklığı 160 °F'ye ulaşana kadar kavurun.

34. Izgara, doldurulmuş domuz bonfile

Verim: 1 Porsiyon

Bileşen

- 2 Bütün domuz bonfile; yarıya kesilmiş ve kelebeklenmiş
- 1 su bardağı Siyah Zeytin Tapenade
- Közlenmiş Sarı Biber Sosu

Ovmak

- ½ su bardağı Ancho tozu
- ⅓ su bardağı zeytinyağı
- ⅓ fincan kırmızı biber
- 1 çay kaşığı Sarımsak; çiğ doğranmış
- Tuz
- Biber

Közlenmiş Sarı Biber Sosu

- 2 Sarı biber; ızgara, tohumlu
- ⅓ su bardağı pirinç sirkesi
- 6 su bardağı Sarımsak; ızgara
- 1 tutam safran şiş

- 1 yemek kaşığı Bal

Talimatlar:

a) Domuz filetolarının ortasına ince bir tapenade tabakası koyun, yuvarlayın ve ovalayın. Bir Sear tavasında, neredeyse sigara içilene kadar yağı ısıtın

b) Domuz filetolarını her taraftan kızartın ve her iki tarafta 3 dakika ızgara yapın.

c) Tüm sos malzemelerini bir Mikserde ve pürüzsüz olana kadar karıştırın.

d) Tuz ve karabiber ile tatmak için mevsim

35. Doldurulmuş Domuz Taç Kızartma

İçindekiler:

- 12-14 kaburga
- Elma sirkesi - 2 yemek kaşığı
- Elma suyu - 1 su bardağı
- Dijon hardalı - 2 yemek kaşığı
- Tuz - 1 çay kaşığı
- Esmer şeker - 1 yemek kaşığı
- Taze doğranmış kekik - 2 yemek kaşığı
- Diş kıyılmış sarımsak - 2
- Zeytinyağı - ½ su bardağı
- Kaba öğütülmüş biber - 1 çay kaşığı
- En sevdiğiniz doldurma - 8 bardak

Talimatlar:

a) Marinayı kızartmaya uygulamak için bir pasta fırçası kullanın.

b) Eti 30 dakika kızartın ve ardından ızgaranın Duman Sıcaklığını azaltın. Tacı gevşek bir şekilde doldurma ile doldurun ve üstte toplayın.

c) Domuz eti 90 dakika daha iyice kızartın.

d) Kızartmayı ızgaradan çıkarın. Etin tüm suyunu çekmesi için yaklaşık 15 dakika dinlenmeye bırakın. Kemikleri kaplayan folyoyu çıkarın.

Oymaya hazır olana kadar kasabın ipini açık bırakın.

36. Doldurulmuş Porchetta

İçindekiler:

- 6 pound domuz göbeği, yağ kesilmiş
- 12 ons güneşte kurutulmuş domates yayıldı
- 2 bardak giardiniera, Chicago tarzı
- 1 su bardağı pastırma reçeli
- $\frac{1}{2}$ fincan kuru ovma

Talimatlar:

a) Sigara içen kişiyi 275 derece F'de önceden ısıtın.
b) Bu arada, domuz eti durulayın, kurulayın ve ardından eşit şekilde kaplanana kadar her taraftan kuru ovma ile baharatlayın.
c) Bir kesme tahtası veya temiz bir çalışma alanı üzerine terbiyeli domuz eti koyun; üstüne domates sürün, giardiniera ve domates sürün, sonra domuz eti yuvarlayın ve mutfak sicimleriyle bağlayın.
d) Doldurulmuş domuz eti sigara içme rafına yerleştirin, bir et termometresi takın, ardından kapakla kapatın ve zamanlayıcıyı et termometresi 195 derece F'lik bir iç Duman Sıcaklığı kaydedene kadar 2 ila 3 saat veya daha fazla sigara içmeye ayarlayın.

e) Bittiğinde, porchetta'yı bir kesme tahtasına aktarın, 15 dakika dinlendirin ve ardından dilimleyerek servis yapın.

37. Füme Karides Tilapia

İçindekiler:

- 3 Ons Tilapia filetosu (taze, çiftlikte yetiştirilmiş)
- 3/4 çay kaşığı kırmızı biber (füme)
- 1 yemek kaşığı sızma zeytin
- 3/4 Çay Kaşığı Deniz Mahsulleri Baharatı

Karides Dolması için Malzemeler:

- 1/2 Pound Kuyruk Karides
- 1/2 Su bardağı ekmek kırıntısı
- 1/2 yemek kaşığı tuzlu Tereyağı
- 3/4 Çay kaşığı biber
- 1 Yumurta (küçük, dövülmüş)
- 1/4 Su bardağı mayonez
- 3/4 Çay kaşığı Maydanoz (kuru)

Talimatlar:

a) Karidesleri ince ince doğramak için mutfak robotuna alın.

b) Zeytini orta-yüksek ateşte büyük bir tavada ısıtın, tereyağını ekleyip eritin ve soğanı ekleyin ve yumuşayana kadar soteleyin.

c) Sotelenmiş karışım, karides ve kalan malzemeleri kapaklı bir kapta birleştirin.

d) Filetoların her tarafına zeytinyağı sürün. Her filetonun arkasına harika bir dolgu yapmak için bir kaşık kullanın.

e) Dolguyu filetoların arkasına yayın

f) Tilapia filetolarını ikiye katlayın ve onları sıkıca tutmak için kürdan kullanın.
g) Filetoları 40 dakika kızartın

38. Füme balık ile doldurulmuş avokado

Verim: 4 Porsiyon

Bileşen

- 4 Sert pişmiş yumurta
- ¼ su bardağı Süt
- ¼ su bardağı süzülmüş taze limon suyu
- ¼ çay kaşığı Şeker
- ½ çay kaşığı Tuz
- ⅓ fincan Bitkisel yağ
- 2 yemek kaşığı Zeytinyağı
- ½ kilo Füme beyaz balık
- 2 büyük olgun avokado
- 12 adet taze kırmızı dolmalık biber

Talimatlar:

a) Derin bir kapta yumurta sarılarını ve sütü bir kaşık veya sofra çatalı ile pürüzsüz bir macun oluşana kadar ezin. 1 yemek kaşığı limon suyu, şeker ve tuzu ekleyin.

b) Daha sonra bir seferde bir çay kaşığı kadar bitkisel yağda çırpın; daha fazlasını eklemeden önce her ilavenin emildiğinden emin olun.

Zeytinyağını çay kaşığı ile sürekli çırparak ekleyin. Kalan limon suyunu sosun içine karıştırın ve baharat için tadın.

c) Balıkları bir kaseye alın ve çatalla ince ince doğrayın. Doğranmış yumurta akı ve sosu ekleyin ve yavaşça ama iyice karıştırın.

d) Balık karışımını avokado yarısına dökün

39. Pastırma ve füme istiridye

Verim: 15 Porsiyon

Bileşen

- 2 kutu Füme istiridye
- ¼ fincan Hafif bitkisel yağ
- ½ pound pastırma şeritleri
- 40 adet yuvarlak tahta kürdan
- 3 yemek kaşığı Sarımsak, kıyılmış

Talimatlar:
a) Pastırma şeritlerini üçe bölün.
b) Her istiridyenin etrafına bir dilim pastırma sarın ve yerinde tutmak için bir kürdan yerleştirin.
c) Orta boy bir tavada yağı ısıtın ve sarımsağı ekleyin.
d) Sarılı istiridyeleri yağda pastırma gevrekleşinceye kadar pişirin.
e) Tavadan çıkarın ve boşaltmak için bir kağıt havlu üzerine boşaltın.

40. Füme somon ile pişmiş yumurta

Verim: 2 Porsiyon

Bileşen

- 2 yemek kaşığı Tereyağı
- 3 yemek kaşığı Yumuşak ekmek kırıntıları
- 2 yumurta
- 1 diş sarımsak; kıyılmış
- 2 ons krem peynir
- 2 ons Füme somon; dilimlenmiş
- 2 ons Keskin kaşar peyniri; rendelenmiş
- 1 Domates; kalın dilimlenmiş

Talimatlar:

a) Tereyağlı güveçler. Her birinin altına ve yanlarına 2 ila 3 çay kaşığı ekmek kırıntısı bastırın. Kalan kırıntıları 1 T. tereyağı ile karıştırın, rezerve edin. Her yemeğin içine bir yumurta kırın. Sarımsakları krem peynirle ezin ve yumurtaların üzerine nazikçe koyun. Füme somon ekleyin, gerektiği gibi uzun şeritler katlayın.

b) Somonun üzerine rendelenmiş kaşar serpin. Her tabağın üzerine 1 adet yağlı domates dilimi (domatesin ortasından) koyun.

c) Her yemeğin üzerine ekmek kırıntılarının yarısını ufalayın ve 350 fırında 8 ila 15 dakika pişirin, ardından üst kısımlar kızarana ve hafifçe gevrekleşene kadar 2 ila 3 dakika pişirin. Bir kerede servis yapın.

41. Çek turşusu sosisli sandviç

İçindekiler

- 5 yenibahar meyveleri
- 2 büyük kuru defne yaprağı
- 1 büyük sarımsak karanfil, ezilmiş
- 1 yemek kaşığı karabiber
- 1 çay kaşığı kırmızı pul biber
- 1 pound kaliteli sosisli sandviç
- 1 küçük sarı soğan
- $\frac{3}{4}$ su bardağı damıtılmış beyaz sirke
- $\frac{1}{2}$ su bardağı su
- 5 çay kaşığı şeker
- 2 çay kaşığı koşer tuzu

Talimatlar:

a) Yenibahar, defne yaprağı, sarımsak, karabiber ve pul biberi bir litrelik konserve kavanozuna koyun.

b) Sosisli sandviçleri paketlerinden çıkarın ve kurulayın. Onları yarıya kesin. Tamamen kesmemeye dikkat ederek, her bir sosisli sandviçin ortasından dikkatlice uzunlamasına bir bölme yapın. Köpeği kesmek ve bir sosisli topuz gibi açmak, uçları sağlam bırakmak istiyorsunuz.

c) Sosisleri ikiye bölecek kadar çok soğan kullanmamaya dikkat ederek çiğ soğanla doldurun. Doldurulmuş köpekleri mümkün olduğunca sıkı bir şekilde kavanoza koyun.

d) Sirke, su, şeker ve tuzu küçük bir tencerede yüksek ateşte birleştirin, şeker ve tuzu eritmek için karıştırın. Tuzlu su kaynadığında, ocaktan alın ve sosisli sandviçlerin üzerine tamamen kaplayacak şekilde dökün. Kavanozu kapatın ve buzdolabına taşımadan önce tamamen soğumasını bekleyin.

e) Sosisli sandviçler her zaman yemek için güvenli olsa da, lezzetlerin bir araya gelmesi 2 haftaya ihtiyaç duyar.

42. Pastırma ve soğan yayıldı

İçindekiler

- 2 kilo erik domates
- 1 orta boy sarı soğan
- 2 yemek kaşığı nötr yağ
- 1½ çay kaşığı koşer tuzu
- 9 ons domuz pastırması
- 2 çay kaşığı esmer şeker
- 1 çay kaşığı kuru kekik
- ½ çay kaşığı taze çekilmiş karabiber
- 2 çay kaşığı elma sirkesi

Talimatlar:

a) Domatesleri ve soğanı geniş kenarlı bir fırın tepsisine yerleştirin, ardından yağ ve ¾ çay kaşığı tuzla karıştırın. Her şeyi domatesleri kesilmiş tarafı yukarı gelecek şekilde tek bir tabaka halinde yayın. 1½ ila 2 saat arasında kızartın.

b) Fırın tepsisindeki domatesleri, soğanları, domuz pastırmasını ve herhangi bir meyve suyunu bir mutfak robotunda birleştirin. Karıştırmak için darbe.

c) Şeker, kekik, karabiber, sirke ve kalan $\frac{3}{4}$ çay kaşığı tuzu ekleyin. Karışımı yayılabilir ancak biraz tıknaz bırakarak tamamen birleştirme işlemi yapın.

43. Çek turşusu peyniri

İçindekiler

- 1 küçük sarı soğan
- 1 yemek kaşığı nötr yemeklik yağ
- 1½ çay kaşığı koşer tuzu
- 3 diş sarımsak, ince dilimlenmiş
- 8 ons Camembert veya Brie peyniri
- 2 çay kaşığı füme kırmızı biber
- 10 ardıç meyvesi
- 2 kuru defne yaprağı
- 1 yemek kaşığı karabiber
- Yaklaşık 7 dal taze kekik
- 1-1½ su bardağı sızma zeytinyağı

Talimatlar:

a) Soğanı ve tuzu yağa ekleyin ve soğanı her tarafı kızarana kadar 4 ila 6 dakika soteleyin. Sarımsakları ekleyin ve sık sık karıştırarak pişirin.

b) Peynir çarkını keskin bir bıçakla sekiz kamaya kesin. Bir kamanın üst katmanını kaldırın ve bir kaşık kullanarak peynir katmanlarının arasına kırmızı biber serpin, ardından 2 ila 3 çay kaşığı soğanı kaşıkla ekleyin.

c) Ardıç meyvelerini, defne yapraklarını ve karabiberleri bir litrelik kavanoza ekleyin. Kekik dallarını kavanozun kenarına düz bir şekilde bastırın. Doldurulmuş peyniri kavanoza istifleyin, sıkı bir paket için üzerine hafifçe bastırın. Kavanozdaki katıların üzerini tamamen kaplayacak şekilde zeytinyağını dökün.

d) Kavanozu sıkıca kapatın ve soğutun. Lezzetlerin en iyi şekilde olması için yemeden önce 2 hafta bekleyin.

44. Pekan dolması füme sülün

Verim: 1 porsiyon

Bileşen

- ¼ su bardağı Tereyağı
- 1¼ su bardağı kuru ekmek kırıntısı
- ⅔ fincan Kabaca kırılmış cevizli et
- 2 adet Füme sülün
- 2 yemek kaşığı Un
- ¾ çay kaşığı Tuz
- ¼ çay kaşığı Biber
- ¼ su bardağı Tereyağı
- 1½ su bardağı sıcak su
- ¼ fincan şeri

Talimatlar:

a) 4 TBS tereyağını eritin ve ekmek kırıntılarının üzerine dökün. Cevizli etleri ekleyin ve hafifçe fırlatın. Karışımı sülünlere ve kafes kuşlarına doldurun. Un, tuz ve karabiberi karıştırıp sülünlerin üzerine hafifçe serpin. Diğer 4 yemek kaşığı tereyağını ağır tavada eritin.

b) Her bir sülün her tarafını kızartın ve bir kızartma tavasına aktarın. Kızarmış kuşlara sıcak su ve şeri ekleyin. 1 saat boyunca 350 derece F'de örtün ve pişirin.

c) Her 15 dakikada bir sıvı ile yağlayın. Kapağı çıkarın ve 20 dakika veya kuşlar gevrekleşip kaşlarını çatana kadar pişirmeye devam edin.

d) Kuşları bir tabağa alın ve sos için damlamayı koyulaştırırken sıcak tutun.

45. Pekan füme bonfile

Verim: 1 Porsiyon

Bileşen

- 1 pound Domuz bonfile
- $\frac{1}{2}$ su bardağı soya sosu
- 2 diş sarımsak - kıyılmış
- 1 yemek kaşığı rendelenmiş taze zencefil
- 1 yemek kaşığı Susam yağı
- $\frac{1}{4}$ fincan Bal
- 2 yemek kaşığı Esmer şeker

Talimatlar:

a) Tüm malzemeleri bir çalkalayıcıda birleştirin ve dickens gibi sallayın. $\frac{1}{8}$-$\frac{1}{4}$ inç kalınlığında dilimlenmiş bütün taze zencefil kullanmayı seviyorum.

b) Ateşini yak ve tütsülenmiş odununu koy, bunun için cevizli severim ama ne istersen onu kullan. Herhangi bir lezzet iyi olmalıdır.

c) Doğrudan ısı üzerinde yaklaşık 5-8 dakika kızartın.

d) Folyoda toplanacak meyve sularını dökmemeye dikkat edin. Bu suyu servis tabağınızdaki bellerin üzerine dökün.

46. patlıcan dolması

Talimatlar:

a) Patlıcanları durulayın. Bir ucundan bir dilim kesin. Geniş bir yarık açın ve tuzlayın. Çekirdeksiz domatesler. Onları ince doğrayın.

b) Soğanları ince dilimler halinde kesin. Sarımsak dişlerini doğrayın. Onları hindistancevizi yağı ile bir tavaya koyun.

c) Domates, tuz maydanoz, kimyon, biber, acı biber ve kıymayı ekleyin. 10 dakika soteleyin.

d) Patlıcanları sıkın ki acı suyu çıksın. Geniş yarığı kıyma karışımıyla doldurun. Kalan karışımı üzerine dökün. Bu arada fırını 375F'ye ısıtın.

e) Patlıcanları bir fırın tepsisine yerleştirin. Üzerlerine zeytinyağı, limon suyu ve 1 su bardağı su serpin.

f) Tavayı bir folyo ile örtün.

47. Sığır Eti Doldurulmuş Kırmızı Biber

İçindekiler

- 6 adet kırmızı dolmalık biber
- tatmak için tuz
- 1 kilo dana kıyma
- 1/3 su bardağı doğranmış soğan
- tatmak için biber ve tuz
- 2 su bardağı doğranmış domates
- 1/2 su bardağı pişmemiş esmer pirinç veya
- 1/2 su bardağı su
- 2 su bardağı domates çorbası
- gerektiği kadar su

Talimatlar:

a) Biberleri kaynar suda 5 dakika haşlayıp süzün.

b) Her biberin içine tuz serpin ve bir kenara koyun. Bir tavada soğanları ve dana eti kızarana kadar soteleyin. Fazla yağı boşaltın. Tuz ve karabiberle tatlandırın. Pirinç, domates ve 1/2 su bardağı su ile karıştırın. Örtün ve pirinç yumuşayana kadar pişirin. Ateşten alın. Peyniri karıştırın.

c) Fırını 350 derece F'ye ısıtın. Her bir biberi pirinç ve sığır eti karışımıyla doldurun. Biberleri bir fırın tepsisine açık tarafı yukarı gelecek şekilde yerleştirin. Domates çorbasını ayrı bir kapta çorbayı sos kıvamına getirmek için yeterli su ile birleştirin.

d) Biberlerin üzerine dökün.

e) 25-35 dakika üzeri kapalı olarak pişirin.

48. Biberiyeli Kızarmış Tavuk

6-8 kişilik

- 1 (3 pound) bütün tavuk, durulanmış, derisi soyulmuş
- tatmak için biber ve tuz
- 1 soğan, dörde bölünmüş
- 1/4 su bardağı doğranmış biberiye

Talimatlar:

a) Fırını 350F'ye ısıtın. Etin üzerine tuz ve karabiber serpin. Soğan ve biberiye ile şeyler.

b) Bir fırın tepsisine koyun ve önceden ısıtılmış fırında tavuklar pişene kadar pişirin.

c) Kuşun büyüklüğüne bağlı olarak, pişirme süresi değişecektir.

49. Sardalya dolması

Bileşen

- 14 büyük (veya 20 küçük sardalya)
- 14-20 taze defne yaprağı
- 1 portakal, boyuna ikiye bölünmüş, sonra dilimlenmiş
- doldurma için
- 50g (2oz) kuş üzümü
- 4 yemek kaşığı sızma zeytinyağı
- 1 soğan, ince doğranmış
- 4 diş sarımsak, ince doğranmış
- bir tutam ezilmiş kuru biber
- 75 gr (3 oz) taze beyaz ekmek kırıntıları
- 2 yemek kaşığı taze doğranmış düz yapraklı maydanoz
- 15g ($\frac{1}{2}$oz) zeytinyağında hamsi filetosu, süzülmüş
- 2 yemek kaşığı küçük kapari, doğranmış
- $\frac{1}{2}$ küçük portakal kabuğu rendesi ve portakal suyu
- 25 gr (1 oz) ince rendelenmiş Pecorino veya Parmesan
- 50g (2oz) çam fıstığı, hafifçe kavrulmuş

Talimatlar:

a) İç harcı için kuş üzümlerini sıcak suyla kaplayın ve dolmaları için 10 dakika bekletin. Yağı bir tavada ısıtın, soğanı, sarımsağı ve ezilmiş kuru biberleri ekleyin ve soğan yumuşayana kadar kızarana kadar 6-7 dakika hafifçe pişirin.

b) Tavayı ocaktan alın ve galeta unu, maydanoz, hamsi, kapari, portakal kabuğu rendesi ve suyu, peynir ve çam fıstığını ekleyip karıştırın.

c) Kuş üzümlerini iyice süzün ve karıştırın, ardından tuz ve karabiberle tatlandırın.

d) Sardalyanın baş ucuna yaklaşık $1\frac{1}{2}$ yemek kaşığı iç harcı dökün ve kuyruğuna doğru yuvarlayın. Yağlanmış sığ fırın tepsisine sıkıca paketleyin.

e) Balıkları hafifçe tuz ve karabiberle tatlandırın, üzerine biraz daha yağ gezdirin ve 20 dakika pişirin. Oda sıcaklığında veya soğuk meze çeşitlerinin bir parçası olarak servis yapın.

50. uskumru

4 kişilik

Bileşen

- 4 uskumru, temizlenmiş ve kesilmiş
- 40g (1½oz) tereyağı
- 1 çay kaşığı pudra şekeri
- 1 çay kaşığı İngiliz hardal tozu
- 1 çay kaşığı acı biber
- 1 çay kaşığı kırmızı biber
- 1 çay kaşığı öğütülmüş kişniş
- 2 yemek kaşığı kırmızı şarap sirkesi
- 1 çay kaşığı taze çekilmiş karabiber
- 2 çay kaşığı tuz
- nane ve domates salatası için
- 225g (8oz) küçük asma olgunlaşmış domates, dilimlenmiş
- 1 küçük soğan, yarıya ve çok ince dilimlenmiş
- 1 Yemek kaşığı taze doğranmış nane
- 1 yemek kaşığı taze limon suyu

Talimatlar:

a) Tereyağını küçük bir kızartma kabında eritin. Ateşten alın, şeker, hardal, baharat, sirke, karabiber ve tuzu ekleyip iyice karıştırın. Baharatlı tereyağına uskumruyu ekleyin ve karışımla iyice kaplanana kadar bir veya iki kez çevirin, bir kısmını da her balığın boşluğuna yayın.

b) Bunları hafifçe yağlanmış bir fırın tepsisine veya ızgara tepsisinin rafına aktarın ve pişene kadar her iki tarafta 4'er dakika ızgara yapın.

c) Bu arada salata için dilimlenmiş domatesleri, soğanı ve naneyi dört servis tabağına koyun ve katmanlara limon suyu ve biraz baharat serpin. Pişmiş uskumruyu yanına koyun ve dilerseniz biraz kızarmış patates dilimleri ile servis yapın.

51. Brezilya sosisi dolması uhu

Verim: 12 Porsiyon

Bileşen

- 5 pound Uhu (papağan balığı)
- 1 paket Sıcak Brezilya sosisi; dilimlenmiş
- Yeşil soğan beyazları; uzunlamasına dilimlenmiş
- 3 diş sarımsak; kıyılmış
- 2 çay kaşığı Zencefil; rendelenmiş
- Tatmak için biber ve tuz

Talimatlar:

a) Fırını 450 dereceye ısıtın. Sırt ve kemikten kelebek balığı.

b) Balıkları her zamanki gibi temizleyin; iyice yıkayın ve kurulayın. Tatmak için tuz ve karabiber balığı. Brezilya sosisi dilimlerini, soğan beyazlarını, sarımsak ve zencefili birleştirin.

c) Balığın boşluğundaki şeyler ve iğne ve iplik kullanarak kapatmak için dikin

d) Bir yaprağı balığın yanına, parlak tarafı yukarı gelecek şekilde yerleştirin ve kalay folyoya sarın. Fırın tepsisine koyun ve 1 saat 15 dakika pişirin.

52. Tilapia ve Kahvehane Dolması

Bileşen

- 2 simit, küçük parçalar halinde kesilmiş
- 1 çörek, parçalara ayrılmış
- 1 kruvasan, parçalara ayrılmış
- $\frac{1}{4}$ küçük kırmızı soğan, iri doğranmış
- 1 orta boy portakal, parçalar halinde kesilmiş
- 4 büyük yumurta
- Tuz ve taze çekilmiş karabiber
- 2 kilo tilapia
- 1 limon, dörde bölünmüş

Talimatlar:

a) Bir mutfak robotunun kasesinde, simit parçalarını, çörek parçalarını, kruvasan parçalarını, soğanı, portakal parçalarını, yumurtaları ve tuzu ve biberi 10 ila 15 saniye veya malzemeler iyice karıştırılıp püre haline getirilinceye kadar tatlandırın. . Bunu iki veya üç parti halinde yapmanız gerekebilir. İç harcını bir kaseye alın.

b) Dört ayrı folyo parçasını yerleştirin. Her birinin üzerine bir parça tilapia koyun ve her bir fileto üzerine $\frac{1}{2}$ inç kalınlığında bir dolgu tabakası koyun (her biri yaklaşık $\frac{1}{2}$ fincan kullanacaksınız). Her birinin üzerine çeyrek limon sıkın. Başka bir kullanım için dondurulabilecek artık doldurmanız olabilir.

c) Folyoyu üstte sıkıştırın. Folyo paketlerini yüksek ısıdaki ızgaraya yerleştirin. Yaklaşık 10 dakika pişirin. Doldurmanın iyice ısıtılıp ısınmadığını kontrol etmeniz gerekebilir; değilse, 4 ila 5 dakika daha ızgaraya dönün (ve dikkatlice çevirin).

d) Izgaradan çıkarın ve konukların daha şenlikli bir sunum için paketleri açmasına ve içindekileri çıkarmasına izin verin.

53. Izgarada tofu dolması biber

Verim: 4 Porsiyon

Bileşen

- 4 adet büyük boy dolmalık biber
- 1 büyük soğan; doğranmış
- 3 diş sarımsak; kıyılmış
- 12 ons Tofu; ufalanmış
- 2 çay kaşığı Zeytinyağı; üç katına çıkarılabilir
- 8 ons Parçalı mantar
- 4 Roma domatesi
- 1 çay kaşığı kıyılmış taze mercanköşk
- ½ çay kaşığı Tuz; veya daha fazla tatmak
- 1 çay kaşığı Taze kekik
- 1 yemek kaşığı Soya sosu
- 14 ons Haşlanmış domates
- 1 su bardağı pişmiş esmer pirinç
- ½ su bardağı Su
- Taze çekilmiş karabiber
- Parmesan peyniri; veya ekşi krema, isteğe bağlı garnitür

Talimatlar:

a) Tofuyu tekstüre edin ve ufalayın.
b) Bu arada Blackstone gazlı ızgarayı orta-yüksek dereceye kadar ısıtın veya bir su ısıtıcısı ızgarasında ateş açın.
c) Küçük bir soyma bıçağı ile yeşil biberlerin üst kısımlarını kesin ve tüm tohumları ve iç zarını

çıkarın. Biberleri toplamda yaklaşık 5 dakika ızgaraya yerleştirin, hafifçe kızarana kadar ancak aşırı yumuşamadan her 2 dakikada bir çevirin. Soğuması için kenara alın.

d) Ocakta veya (gazlı) ızgarada büyük bir ızgarada, soğanı, sarımsağı ve tofuyu zeytinyağında yaklaşık 4 ila 5 dakika kızartın. Mantarları, 3 adet Roma domatesini, doğranmış, mercanköşkünü, tuzu ve kekik ekleyin. 3 ila 5 dakika daha sarar

e) Soya sosu, haşlanmış domates ve pirinci ekleyin. Karıştırmak için karıştırın; Isıdan çıkarın.

f) Doldurma için daha fazla yer açmak için bir kaşıkla hafifçe bastırarak her bir biberi bu karışımla doldurun. Kalan Roma domatesini dörde bölün ve her bir biberin üzerine çeyrek parça koyun. Biberleri 2 litrelik bir fırın tepsisine koyun ve kalan domates karışımını biberlerin etrafına dökün. Suyu ve karabiberi ekleyin; alüminyum folyo ile kaplayın.

g) Izgaraya yerleştirin ve dolaylı ısıda 20 ila 25 dakika veya biberler çatal gibi hissedene kadar ama duygusal olmayana kadar pişirin. Biberlerin üzerine ekstra sosu gezdirip süsleyerek servis yapın.

54. Izgara tofu kareleri

Verim: 1 Porsiyon

Bileşen

- 1 paket kızarmış tofu kareleri
- 1 salatalık
- 1 havuç
- Bazı fasulye filizi
- Ananas: Bölünmüş

Talimatlar:

a) Tofu karelerini hafifçe kızartın, sonra kenarlarını kesin ve jülyen doğranmış sebzeleri doldurun.

55. Pesto ile doldurulmuş karidesler

4 PARÇA YAPAR

Bileşen:

- 12 karides veya devasa (10Ð15 sayı)
- karides
- 1 jalapeno şili biberi, çekirdeksiz
- fincan Kişniş Pesto
- 3 yemek kaşığı doğranmış arpacık
- 3 yemek kaşığı zeytinyağı
- 1 küçük diş sarımsak, kıyılmış
- 3 yemek kaşığı doğranmış taze kişniş

sürtünme
- Guacamole Vinaigrette:
- çay kaşığı kaba tuz
- 2 Hass avokado, çekirdeksiz ve soyulmuş
- Bir tutam öğütülmüş karabiber
- 1 büyük limon suyu bardağı sızma zeytinyağı
- 1 domates, çekirdekleri çıkarılmış ve ince doğranmış

Talimatlar:
a) Doğrudan orta-yüksek ısı için bir ızgara yakın, yaklaşık $425\frac{1}{4}$F
b) Karidesleri ortasını açmak için sırtlarından kesin.
c) Her bir karidesteki açıklığı yaklaşık $\frac{1}{2}$ ila 1 çay kaşığı pesto ile doldurun. Doldurulmuş karideslerin her yerini zeytinyağı ile kaplayın.

d) Guacamole salata sosu için: Avokadoyu orta boy bir tabakta çatalla ezin. Kalan Ana Malzemeyi karıştırın. Kenara koyun.
e) Izgara ızgarasını fırçalayın ve yağla kaplayın. Karidesleri, sert ve güzel bir şekilde ızgara işaretine sahip olana kadar, her bir tarafta yaklaşık 4 dakika doğrudan ısı üzerinde ızgara yapın.
f) Tabaklara çıkarın ve guacamole salata sosu ile serpin.

56. ızgara cips

İçindekiler

- Rendelenmiş peynir
- Domates
- esmer sığır eti
- Salsa

Talimatlar:

a) Kalburunuzu alüminyum folyo ile hizalayın ve cipslerinizi içine koyun. Üzerine ne isterseniz ekleyin,

b) Örtün ve birkaç dakika orta ila düşük ateşte yerleştirin. Peynir eriyince ateşten alın ve servis yapın.

57. Doldurulmuş ve ızgara mısır kabuğu

Verim: 1 Porsiyon

İçindekiler

- 4 büyük taze başak mısır
- 3 yemek kaşığı Taze limon suyu
- 1 diş sarımsak, kıyılmış
- ½ Jalapeno, ince doğranmış
- ½ çay kaşığı öğütülmüş kimyon
- ¼ çay kaşığı Cayenne
- ½ su bardağı Zeytinyağı
- 2 büyük kırmızı patates, haşlanmış, soyulmuş ve küp küp doğranmış
- 1 su bardağı konserve siyah fasulye, durulanmış ve süzülmüş
- ½ kırmızı dolmalık biber, doğranmış
- Tuz ve taze çekilmiş karabiber
- ½ su bardağı Paketlenmiş kişniş yaprağı
- 1 su bardağı rendelenmiş Monterey peyniri, isteğe bağlı

Talimatlar:

a) En geniş kabukları yırtmamaya dikkat ederek, her bir mısır koçanının kabuklarını yavaşça çıkarın. En geniş 24 kabuğu seçin ve nemli kağıt havlularla örtün. Kalan 2 kabuğu 8 uzun şerit halinde kesin ve nemli kağıt havlularla örtün. Her koçandan mısır tanelerini kesin ve ayırın.
b) Büyük bir tabakta limon suyu, sarımsak, jalapeno, kimyon ve kırmızı biberi birlikte çırpın.
c) 6 yemek kaşığı zeytinyağını azar azar sürekli karıştırarak ekleyin. Mısır, patates, siyah fasulye, kırmızı dolmalık biber ekleyin ve tuz ve karabiberle tatlandırın, karıştırın ve sosla kaplayın.
d) Gerekirse baharatı tadın ve ayarlayın. Kişniş yapraklarını ekleyin, karıştırmak için karıştırın.
e) 2 mısır kabuğunu, içbükey tarafı yukarı bakacak şekilde, geniş uçlarında 2 inç üst üste gelecek şekilde bir çalışma yüzeyine yerleştirin.
f) ilk iki kabuğun üstüne üçüncü bir kabuğu ortalayın. Kabukların ortasına yaklaşık $\frac{1}{2}$ fincan sebze karışımı yerleştirin. mısır kabuğunun kenarlarını tamamen örtmek için dolgunun üzerine ve üstüne bindirin.
g) Puro şeklinde bir paket oluşturarak dolguyu sabitlemek için her iki ucundan bir mısır kabuğu şeridi ile bağlayın.
h) Kalan malzemelerle aynı şekilde daha fazla paket yapın. Paketler 4 saat öncesine kadar yapılabilir.
i) Blackstone ızgarasını veya ızgara tavasını ısıtın.

j) Paketleri kalan 2 yemek kaşığı zeytinyağı ile fırçalayın ve her bir paketi her tarafı 6'şar dakika kapalı olacak şekilde ızgara yapın.

k) İstenirse, her bir paketi kesip sebzelerin üzerine rendelenmiş peynir serpin.

l) Peynir eriyene kadar paketleri ızgaraya veya ızgaraya geri koyun. Hemen servis yapın.

58. Elmalı tatlı paketleri

İçindekiler

- 12 Büyük Elma
- Kuru üzüm
- 3 yemek kaşığı şeker
- 3 yemek kaşığı tarçın
- 3/4 Fincan Bisküvi Karışımı

Talimatlar:

a) 1 elmayı oldukça büyük parçalara ayırın ve istenirse soyun. 1 çay kaşığı karıştırın. 1 yemek kaşığı bisküvi karışımı ile tatmak için şeker, birkaç kuru üzüm ve tarçın; rendelenmiş elmanın içine karıştırın. Buhar için yeterli boşluk bırakarak yağlanmış alüminyum folyoya sarın.

b) Közde yaklaşık 30 ila 45 dakika pişirin

59. Fırında doldurulmuş elma

İçindekiler

- elmalar
- Kuru üzüm
- esmer şeker
- Fındık
- tarçın

Talimatlar:

a) Elmaların çekirdeklerini, tam ortasından bir tüp ile elmalar sağlam olacak şekilde çıkarın. Elmaların kabukları üzerinde kalsın. Alt kısımdaki deriyi sokmaktan kaçının. Kalan malzemelerin tamamını veya bir kısmını çekirdekli elmaların içine koyun. İyice sıkıştırın ve her bir elmayı alüminyum folyoya sarın.

b) Közün içine atın! 8-10 dakika bekleyin; bir çubukla ateşten yuvarlayın ve biraz soğumaya bırakın. Henüz yumuşak olup olmadığını kontrol edin. Elma yumuşayınca pişmiştir. Yiyip bitirmek.

60. Izgara doldurulmuş elma

4 PARÇA YAPAR

İçindekiler

- 4 küçük cipollini soğanı, soyulmuş
- 3 büyük diş sarımsak, kabukları üzerinde kalmış
- 1 yemek kaşığı zeytinyağı
- fincan ceviz
- 6 ons gevşek tatlı İtalyan sosisi
- fincan ince doğranmış kereviz
- 4 çay kaşığı Kümes Hayvanı Rub
- 4 büyük Gala, Roma veya diğer büyük pişirme elmaları
- 1 bardak elma şarabı
- 2 yemek kaşığı ceviz likörü
- 1 yemek kaşığı elma sirkesi
- 1 yemek kaşığı doğranmış taze adaçayı

Talimatlar:

a) Soğanları ekvator boyunca fraksiyonlar halinde kesin ve ardından bir tabakta soyulmamış sarımsak ve yağ ile karıştırın. Izgara ızgarasını fırçalayın ve yağla kaplayın.

b) Soğanları, kesik kısımları alta gelecek şekilde ve soyulmamış sarımsağı, soğanlar yumuşayıncaya ve sarımsak noktalar halinde kızartılıncaya kadar, yaklaşık 5 dakika, bir veya iki kez döndürerek, doğrudan ateşin üzerinde ızgara yapın. Sarımsakları kabuklarından sıkın ve ardından soğanlarla birlikte doğrayın.

c) Doğrudan ısı üzerine büyük bir dökme demir ızgara veya ağır hizmet kızartma tavası yerleştirin. Cevizleri ekleyin ve kokusu çıkana kadar, ara sıra sallayarak yaklaşık 5 dakika kızartın. Cevizleri tavadan çıkarın ve doğrayın.

d) Sosisleri tavaya ekleyin ve ara sıra karıştırarak 5 ila 8 dakika arasında hafifçe kızarana kadar pişirin. Çıkarın ve bir kenara koyun. Tavadaki damlamalara kerevizi ekleyin ve ara sıra karıştırarak 4 dakika pişirin. Soğanları, sarımsağı, sosisleri ve kümes hayvanlarını ekleyin ve 1 dakika pişirin. Doldurmayı bir tabağa kazıyın.

e) Elmaları çapraz olarak kesip, kavun balya makinesi ile her bir kesirden çekirdeği çıkarın. Elmaları kesik tarafları üste gelecek şekilde ızgaraya veya kızartma tavasına yerleştirin. Her fraksiyonun ortasını sosis karışımıyla doldurun.

f) Elma şarabı, likör, sirke ve adaçayı karıştırın ve elmaların etrafına ve üzerine dökün. Kapaklı kapaklı kapaklı tavayı folyo ile örtün ve tavayı ısıdan uzak bir şekilde ızgaraya yerleştirin. Izgarayı kapaklı kapaklı kapaklı örtün ve 20 dakika pişirin.

g) Folyoyu çıkarın ve elmalar yumuşayana kadar 15 ila 20 dakika daha pişirin.

h) Porsiyondan önce 10 dakika soğumaya bırakın. elmaları tavadan elma şarabı şurubu ile dökün ve servis yapın.

61. Karides Dolması Mantar

İçindekiler

- 20 büyük beyaz mantar
- 1 (4 ons) küçük karides olabilir, durulayınd
- 1/2 su bardağı frenk soğanı ve soğan aromalı krem peynir
- 1/2 çay kaşığı Worcestershire sos
- 1 tutam sarımsak tozu veya tadı
- 1 çizgi Louisiana tarzı acı sos
- 3/4 su bardağı rendelenmiş romano peyniri

Talimatlar:

a) 9x13 inçlik bir pişirme kabını hafifçe yağlayın. Bir tencereye su doldurun ve mantarlar yumuşamaya başlamadan önce mantar kapaklarını orta ateşte 2 dakika pişirin. Oluklu bir kaşıkla mantarlardan kurtulun, süzün ve birkaç kurtarılabilir format havluda yaklaşık 15 dakika soğumaya bırakın.

b) Mantar kapakları soğurken karides, krem peynir, Worcestershire sosu, sarımsak tozu ve acı sosu bir kapta birleştirin ve iyice karıştırın.

c) Her bir mantarın kapağına yaklaşık 2 çay kaşığı karides karışımı koyun ve hazırlanan pişirme kabına doldurma tarafı yukarı gelecek şekilde yerleştirin. Her mantarın üzerine Romano peyniri serpin.

d) Bir fırını 400 derece F'ye (200 derece C) önceden ısıtın. Tavayı açın ve mantarları önceden ısıtılmış fırında yaklaşık 15 dakika pişirin.

62. Mavi Peynirli Karides

İçindekiler

- 3 ons krem peynir, yumuşatılmış
- 2/3 su bardağı kıyılmış taze maydanoz, bölünmüş
- 1/4 su bardağı ufalanmış mavi peynir
- 1 çay kaşığı kıyılmış arpacık
- 1/2 çay kaşığı kreol hardalı
- 24 adet pişmiş jumbo karides, soyulmuş ve ayıklanmış

Talimatlar:

a) Sadece küçük bir kapta krem peyniri pürüzsüz olana kadar çırpın. 1/3 fincan maydanoz, mavi peynir, arpacık soğanı ve hardalı çırpın. En az 1 saat soğutun.
b) Her bir karidesin gövdesi boyunca 1/4 ila 1/2 inç arasında derin bir yarık yapın. Krem peynir karışımı olan şeyler; kalan maydanozu krem peynir karışımının üzerine bastırın.

63. Biberli deniz ürünleri sosis

İçindekiler

- 1 pound   Balık filetosu
- ½ pound   Karides ve/veya Deniz Tarakları,
- ½ su bardağı Paketlenmiş Kişniş Yaprağı
- 4 büyük   Yumurta beyazı
- 1 yemek kaşığı Taze Limon Suyu
- 2 çay kaşığı öğütülmüş kimyon
- 2 çay kaşığı Tuz
- ¼ çay kaşığı Karabiber
- 5   Ayak Domuz Muhafazası

Talimatlar:

a) Balıkları uzun şeritler halinde kesin; karides ve tarak bütün kalabilir. Deniz ürünlerini, jalapenoları ve kişnişi bir kıyma makinesinin kalın bıçağından geçirin. Öğütülmüş deniz ürünlerini yumurta akı, limon suyu, kimyon, tuz ve karabiber ile geniş bir kapta birleştirin.

b) Muhafazayı kıyma makinenizdeki sos doldurma hunisi ekine toplayın. Deniz ürünleri karışımını tekrar öğütücüye koyun ve öğütmeye başlayın.

c) Sosisin uzunluğunu aşırı doldurmamaya dikkat ederek karışımı öğütün.

d) Kapaklı büyük bir ağır tavada 1 inç suyu kaynatın. Sosisleri 3 inç aralıklarla keskin bir bıçak ucuyla delin. Servis yapmadan önce 10 dakika boyunca zar zor hareket eden suya koyun.

64. ıstakoz sosisi

Verim: 2 pound

İçindekiler

- 4 Feet küçük domuz kovanları
- 1½ pound Beyaz balık filetosu, küp doğranmış
- ½ çay kaşığı öğütülmüş hardal tohumu
- ½ çay kaşığı Öğütülmüş kişniş
- 1 çay kaşığı kırmızı biber
- 1 çay kaşığı Limon suyu
- ½ çay kaşığı Beyaz biber
- 1 Yumurta, çırpılmış
- ½ pound İri kıyılmış ıstakoz bir araya geldi

Talimatlar:

a) Muhafazaları hazırlayın. Balıkları kırılana kadar 3-4 kez mutfak robotunda çekin. Hardal, kişniş, kırmızı biber, limon suyu, biber ve yumurtayı ekleyin.

b) Harmanlanana kadar işlem yapın. Karışımı bir karıştırma kabına alın ve ıstakoz etini ekleyin; iyi harmanlayın.

c) Muhafazaları doldurun ve 3-4" bağlantılara çevirin.

65. Fırında doldurulmuş istiridye

Verim: 3 porsiyon

İçindekiler

- 1 kıyılmış istiridye olabilir
- 1 paket eritilmiş margarin
- 4 yemek kaşığı Mercimek suyu
- Bir tutam sarımsak tuzu
- 3 bardak Ritz kraker kırıntısı
- 1 yemek kaşığı şeri
- $\frac{1}{2}$ çay kaşığı Worcestershire sosu

Talimatlar:

a) İstiridyeleri boşaltın, sıvıyı saklayın.
b) Tüm malzemeleri karıştırın ve kabukları doldurun. 15 dakika boyunca 350 derecede pişirin.
c) Kabuklarınız yoksa küçük bir fırın tepsisinde 20-25 dakika pişirin ve krakerlerin üzerine servis yapın.

66. Kinoa dolgulu Poblanos

Verim: 8 porsiyon

İçindekiler

- 8 orta boy Poblano biberi
- 4 su bardağı Düşük sodyumlu tavuk suyu
- 2 su bardağı kinoa
- 2 yemek kaşığı Zeytinyağı
- 3 Havuç; kesilmiş ve doğranmış
- 1 orta boy kırmızı soğan; doğranmış
- 1 su bardağı kıyılmış ceviz; tost
- 2 yemek kaşığı Taze kekik; kıyılmış
- 6 ons Yumuşak keçi peyniri; ufalanmış
- ½ çay kaşığı Tuz
- ¼ çay kaşığı Taze çekilmiş karabiber
- Ancho şili sosu

Talimatlar:

a) Gaz alevi üzerinde poblano kızartın. Orta boy bir tencerede et suyunu kaynatın, kinoa ekleyin, iyice karıştırın ve kaynama noktasına gelene kadar ısıyı azaltın.

b) Yağı ısıtın ve havuç ve soğan ekleyin; pişirmek.

c) Havuç karışımını kinoaya aktarın. Ceviz, kekik, peynir, tuz ve karabiberi karıştırın. Her bir biberi kinoa karışımıyla doldurun; güveçte düzenleyin. Biberleri sıcak olana kadar fırında ısıtın ve üst kısımlar biraz huysuz, 20 ila 30 dakika.

d) Ancho-Şili Sosu yapın. Servis yapmak için her tabağa bir biber koyun, sosla çevreleyin.

67. Quinoa ve meyve doldurma

Verim: 5 bardak

İçindekiler

- ¼ pound Rezene domuz sosisi
- 1 büyük Soğan(lar), ince doğranmış
- 1 büyük sarımsak karanfil(ler), kıyılmış
- 1 büyük Tart yeşil elma
- 1 orta boy olgun armut soyulmuş ve doğranmış
- 1 büyük göbek portakalı
- ⅔ su bardağı kuru kuş üzümü
- ⅔ su bardağı kavrulmuş ceviz
- 1 yemek kaşığı kekik yaprağı
- 1 çay kaşığı Öğütülmüş kişniş tohumu
- 3 su bardağı Pişmiş kinoa

Talimatlar:

a) Büyük bir tavada ufalanmış sosisleri orta ateşte soteleyin. kenara koy
b) Aynı tavaya soğan ve sarımsağı ekleyip pişirin. Elmaları ve armutları karıştırın.
c) Portakalı parçalara ayırın ve ayrılmış sosis de dahil olmak üzere kalan malzemelerle birlikte tavaya ekleyin. Birleştirmek için karıştırın ve

ardından 2 dakika daha pişirin. Soğuması için kenara alın. Önceden hazırlanabilir ve buzdolabı

68. Quinoa ve fındık sosu

Verim: 1 porsiyon

İçindekiler

- $1\frac{1}{2}$ su bardağı Pişmiş kinoa
- 2 yemek kaşığı ceviz veya ceviz
- İnce doğranmış
- 2 yemek kaşığı Fındık
- 2 yemek kaşığı Antep fıstığı
- 2 Nane yaprağı, kıyılmış
- ⅓ su bardağı sızma zeytinyağı
- 3 yemek kaşığı Limon suyu
- 1 çay kaşığı Kara biber

Talimatlar:

a) Tüm malzemeleri bir karıştırma kabında birleştirin ve doldurma veya garnitür olarak kullanıma hazır olana kadar bekletin.

69. Kinoalı dolma biber

Verim: 5 Porsiyon

İçindekiler

- 1 su bardağı kinoa, yıkanmış ve haşlanmış
- 4 büyük veya 6 orta boy yeşil biber
- 1 orta boy Soğan; doğranmış
- ½ kilo Taze mantar; dilimlenmiş
- 2 yemek kaşığı Tereyağı
- 28 ons domates olabilir
- 2 diş sarımsak; ezilmiş
- 12 ons Salsa
- 2 yemek kaşığı kuru şeri
- 10 ons Mozzarella peyniri

Talimatlar:

a) Yeşil biberleri yumuşayana kadar buharda pişirin; kenara koyun.
b) Geniş bir tavada soğan ve mantarları tereyağında soteleyin. Domates, sarımsak karanfil ve salsa ekleyin. Orta ateşte 10 dakika pişirin. şeri ekleyin; 10 dakika daha kaynatın. Quinoa'ya katlayın.

c) Biberleri fırın tepsisine koyun; biberleri kinoa karışımıyla doldurun. Bu karışımın yaklaşık yarısını alacaktır.

d) Kalan meyve suyu ile inceltiniz ve biberlerin etrafına dökünüz. Biberlerin üzerine peynir serpin. 325 F'de pişirin

70. Kinoa brokoli rabe

Verim: 5 Porsiyon

İçindekiler

- 1 su bardağı Kinoa
- 1 kutu (14 1/2 Oz.) Tavuk Suyu
- 2 yemek kaşığı Sızma zeytinyağı
- $\frac{1}{2}$ su bardağı doğranmış soğan
- 1 çay kaşığı kıyılmış sarımsak
- 1 büyük demet brokoli Rabe
- $\frac{1}{4}$ çay kaşığı kıyılmış
- $\frac{1}{4}$ çay kaşığı kırmızı pul biber

Talimatlar:

a) Kinoayı orta-düşük ısıda yapışmaz tavada karıştırarak, 5 dakika kızartın. Et suyu ve suyu orta boy bir tencerede kaynatın; kinoada karıştırın.

b) Isıyı orta-düşük seviyeye düşürün; örtün ve sıvı emilene ve kinoa yumuşayana kadar 12 ila 15 dakika pişirin. Çatalla kabartın ve büyük bir kaba aktarın; örtün ve sıcak tutun.

c) Orta-yüksek ısıda büyük yapışmaz tavada yağı ısıtın. Soğan ve sarımsak ekleyin; 3 dakika pişirin. Brokoli kabuğunu, tuzu ve kırmızı biberi ilave edip karıştırın. Brokoli tavuğu yumuşayana kadar pişirin, 5 ila 7 dakika. Sebzeleri kinoaya karıştırın.

71. Kinoa dolması kabak

Verim: 1 porsiyon

İçindekiler

- 6 küçük meşe palamudu kabağı
- 6 su bardağı Su
- 1 su bardağı pişmiş yabani pirinç
- 1 su bardağı kinoa, durulanmış ve pişirilmiş
- 2 çay kaşığı Bitkisel yağ
- 4 Yeşil soğan; doğranmış
- ½ su bardağı doğranmış kereviz
- 1 çay kaşığı Kuru adaçayı
- ½ su bardağı Kuru yaban mersini
- ⅓ su bardağı kuru kayısı; doğranmış
- ⅓ Kıyılmış ceviz veya ceviz
- ½ su bardağı Taze portakal suyu; 3/4'e kadar
- tatmak için tuz

Talimatlar:

a) Kabak yarımlarını fırın tepsisine veya kızartma tavasına gelecek şekilde yerleştirin. İhale kadar pişirin, 25 ila 30 dakika.

b) Büyük, derin tavada, yağı orta ateşte ısıtın. Yeşil soğan, kereviz ve adaçayı ekleyin. Kuru meyveleri ve kuruyemişleri ekleyin ve iyice ısınana kadar sık sık karıştırarak pişirin. Bir çatal kullanarak kinoa ve yabani pirinci kabartın, ardından ikisini de tavaya ekleyin.

c) Portakal suyu ekleyin ve ısınana kadar karıştırın. Tuzlu sezon

72. Kinoa dolması soğan

Verim: 6 porsiyon

İçindekiler:

- 12 orta boy Soğan; soyulmuş
- ½ fincan Kinoa; pişmiş
- 1 fincan; su
- ¼ çay kaşığı Deniz tuzu
- 2 diş sarımsak; kıyılmış (isteğe bağlı)
- ½ su bardağı Mantar; dilimlenmiş
- ½ fincan Kereviz; dilimlenmiş
- 2 yemek kaşığı Mısır veya zeytinyağı
- ½ su bardağı nohut; pişmiş
- 1 su bardağı ceviz; kavrulmuş
- 2 çay kaşığı soya sosu
- 2 çay kaşığı Kahverengi pirinç sirkesi

Talimatlar:

a) Bir elma çekirdeği ile soğanların içini oyup, dipleri sağlam bırakın ve iç kısımları ayırın. İçi oyulmuş soğanları yumuşayana kadar buharda pişirin, ¾ fincan pişirme sıvısı ayırın.

b) Rezerve edilmiş soğanları ince ince doğrayın. Doğranmış soğan, sarımsak, mantar ve kerevizi yağda 15 dakika veya yumuşayana kadar soteleyin. Kinoa ve nohutta karıştırın ve ısıtın (yaklaşık 5 dakika).

c) Soğanları kinoa karışımıyla doldurun. Cevizleri bir mutfak robotunda soya sosu ve sirke ile karıştırarak kremsi bir karışım elde edin. Ayrılmış pişirme sıvısında karıştırın. Karışımı bir tencereye koyun ve sürekli karıştırarak ısıtın. Doldurulmuş soğanların üzerine dökün, süsleyin ve servis yapın.

73. Kinoa ile doldurulmuş domates

Verim: 4 Porsiyon

İçindekiler:

- 4 biftek domates
- Tuz
- 2 su bardağı Pişmiş kinoa
- 2 Kirby (dekapaj) salatalık;
- ⅓ su bardağı kıyılmış taze maydanoz
- ⅓ su bardağı kıyılmış taze nane
- 2 Taze Soğan; ince dilimlenmiş
- ¼ bardak Et suyu
- 2 yemek kaşığı Taze limon suyu
- Taze Jalapeno biberi

Talimatlar:

a) İçi oyulmuş domateslerin içini tuzlayın ve bir rafa ters çevirin. Bir karıştırma kabında kinoa, salatalık, maydanoz, ot ve yeşil soğanı birleştirin. Et suyunu, limon suyunu, jalapeno biberini sos haline getirin ve sebze ve kinoa ile karıştırın. Tuz ve karabiberle tatmak için baharatlayın.

b) Salatayı domateslerle doldurun ve her kişiye bir domates servis edin.

74. Ot doldurma ile kaju kızartma

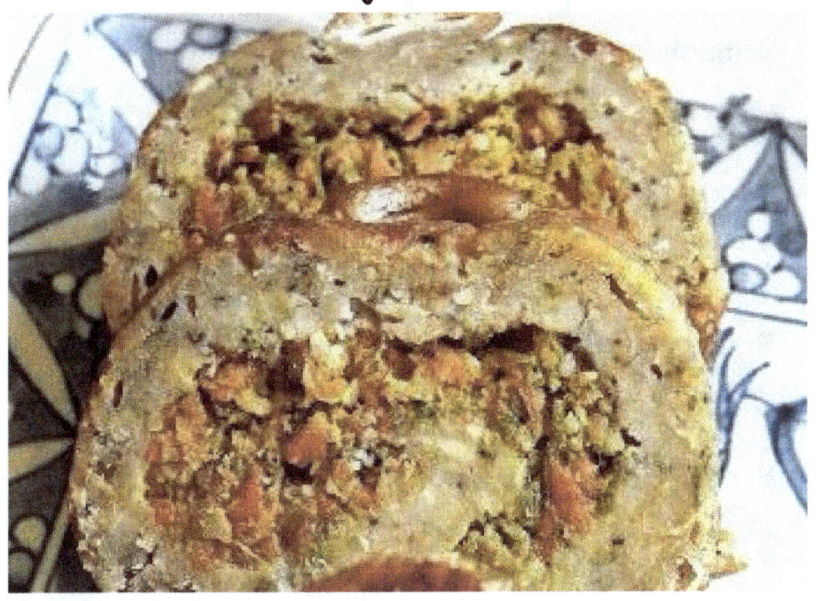

Verim: 1 Kızartma

İçindekiler:

- 2 ons Tereyağı
- 1 büyük soğan; dilimlenmiş
- 8 ons Kavrulmamış kaju fıstığı
- 4 ons Beyaz ekmek; kabuklar kaldırıldı
- 2 büyük sarımsak karanfil
- Tuz ve Taze çekilmiş karabiber
- rendelenmiş hindistan cevizi
- 1 yemek kaşığı Limon suyu
- 2 ons Tereyağı (veya margarin)
- 1 küçük soğan; rendelenmiş
- ½ çay kaşığı kekik
- ½ çay kaşığı mercanköşk
- 1 ons Maydanoz; doğranmış

Talimatlar:

a) Fırını 200C/400F/Gas Mark 6'ya ayarlayın ve 450 g/1lb'lik bir somun kalıbını uzun bir yapışmaz kağıt şeridi ile hizalayın; kalıbı ve kağıdı iyice yağlamak için biraz tereyağı kullanın. Orta boy bir tencerede kalan tereyağını eritin, soğanı ekleyin ve yumuşayana kadar yaklaşık 10 dakika kızartın. Isıdan çıkarın.
b) Kaju fıstıklarını ekmek ve sarımsakla birlikte bir mutfak robotunda öğütün ve isteğe göre su veya et suyu, tuz, karabiber, rendelenmiş hindistan cevizi ve limon suyu ile birlikte soğana ekleyin. Tüm doldurma malzemelerini birlikte karıştırın.

75. Nasturtium ile doldurulmuş yumurtalar

Verim: 2 porsiyon

İçindekiler:

- 2 büyük haşlanmış yumurta
- 4 küçük Nasturtium yaprağı ve hassas gövde; doğranmış
- 2 Nasturtium çiçeği; dar şeritler halinde kesilmiş
- 1 Dal Taze Frenk maydanozu; doğranmış
- 1 Dal Taze İtalyan maydanozu; ince doğranmış yapraklar
- 1 Yeşil soğan; beyaz ve soluk yeşil kısım
- Sızma zeytinyağı
- Kaliteli Deniz tuzu; tatmak
- Karabiber; kaba zemin, tatmak
- Nasturtium yaprakları ve Nasturtium çiçekleri

Talimatlar:

a) Yumurtaları kaynar suda sarıları sertleşene kadar sert pişirin, artık değil. Her yumurtayı boyuna ikiye bölün ve sarısını dikkatlice çıkarın. Sarıları küçük bir kaseye koyun ve nasturtium yapraklarını, saplarını ve çiçeklerini ve doğranmış frenk soğanı, maydanoz ve yeşil soğanı ekleyin. Çatal ile ezin, macun yapacak kadar zeytinyağı ekleyin. Deniz tuzu ve karabiber ile tatlandırın
b) Hafif tuzlu yumurta akı
c) Yavaşça yumurta sarısı-ot karışımı ile boşlukları doldurun. Üstüne biraz biber öğütün. Nasturtium yapraklarını bir tabağa koyun ve üzerine doldurulmuş yumurtaları yerleştirin.
d) Nasturtium çiçekleri ile süsleyin.

76. Otlu mısır tarak

Verim: 4 porsiyon

İçindekiler:

- 2 yumurta
- 2 kutu Kremalı mısır (2 lb.)
- ½ su bardağı Süt
- 4 yemek kaşığı eritilmiş margarin
- 2 yemek kaşığı kıyılmış soğan
- ½ çay kaşığı Tuz
- ¼ çay kaşığı Biber
- 2 su bardağı Hazır karışım otlu terbiyeli doldurma

Talimatlar:

a) Yumurtaları orta boy bir kapta hafifçe çırpın, mısır, süt, tereyağı, soğan, tuz ve karabiberi karıştırın. Yağlanmış 8 su bardağı fırın tepsisine ½ mısır karışımını dökün; üstüne eşit bir tabaka halinde doldurma serpin; doldurma üzerine kaşık kalan mısır karışımı

b) 1 saat boyunca veya ortası neredeyse ayarlanana kadar, ancak yine de hafif nemli olana kadar 350 derecede pişirin.

77. Fataya

İçindekiler:

hamur için:
- 400 gr un
- 1 C. Çorba yağı
- 1 yumurta, tuz ve karabiber

Doldurmak için:
- 200 gr orfoz
- 1 soğan
- 2 diş sarımsak
- 1 stok balık
- Tuz
- biber
- 1 b. domates konsantresi
- 1 domates
- 2 soğan
- sirke
- Küp Maggi
- Sarımsak
- Şili

Talimatlar:

a) Pastellerden iki saat önce bir macun hazırlamayı düşünün.

b) Bir kapta un, tuz, yumurta, yağ ve suyu birleştirin. 2 ila 3 saat bekletin.
c) Hamuru yoğurun ve küçük disklere yayın
d) Cildi çıkarın ve balığı kesin. Bir tencerede balığı soğan, maydanoz, balık ve kıyılmış sarımsak ile fıstık yağında pişirin. Tuz ve karabiber ekleyin. Kaba doğranmış biberi ekleyin.
e) Bir tavada domates konsantresini ve iri kıyılmış domatesleri soğan, sarımsak ve doğranmış maydanozla yağda soteleyin. Biber, küp ve biraz su ekleyin. Yavaşça karıştırın, tatmaya başlayın.
f) Hamur disklerini doldurun, 2'ye katlayın ve kenarlarını bir çatalla kapatın. Pastelleri birkaç dakika yağ banyosunda kızartın.

78. Kabarık Akara Topları

İçindekiler

- 2 su bardağı siyah bezelye veya bal fasulyesi (temizlenmiş, soyulmuş ve 1-2 saat ıslatılmış)
- 1 habanero biber
- 1 büyük soğan (karıştırmak için doğranmış)
- Tatmak için tuz veya bulyon tozu.
- 3/4 su bardağı su
- 3 su bardağı sıvı yağ (kızartma için)

Talimatlar

a) Islatılmış fasulyeleri karıştırıcıya aktarın, soğan, biber ve 3/4 su bardağı su ekleyin. Pürüzsüz kadar karıştırın. Hamuru çırpma teli takılı bir stand mikserin kasesine aktarın.
b) Tuz ekleyin, ardından havayı karışıma dahil etmek için meyilli yaklaşık 6 dakika çırpın.
c) Hamuru çırparken, kızartmak için yağı ısıtın.
d) Yağ kızdığında hamuru elinizle yağın içine alın, parmaklarınızın kızgın yağa değmemesine dikkat edin.
e) Altın kahverengi olana kadar kızartın. Akara toplarının eşit şekilde kahverengi olması için Akara'yı diğer tarafa çevirmeyi unutmayın.

f) Fazla yağını çekmesi için kağıt havlu serilmiş kızartma sepetine aktarın.

79. İstiridye Dolması Mantar Kapakları

İçindekiler:

- 1/2 c Tereyağı
- 2 lb. Mantar, 1-1 / 2" ila 2" çapında
- 1 c Kıyılmış istiridye, sıvı ile
- 1 diş sarımsak, kıyılmış
- 1/2 c.Kuru ekmek kırıntısı
- 1/3 c Maydanoz, doğranmış
- 3/4 çay kaşığı Tuz
- 1/4 çay kaşığı öğütülmüş karabiber
- Limon suyu

Talimatlar:

a) Tereyağını sos tavasında eritin.

b) Mantarların saplarını çıkarıp küp küp doğrayın. Mantar kapaklarını tereyağına daldırın ve yuvarlak tarafları aşağı bakacak şekilde bir kurabiye tepsisine yerleştirin.

c) İstiridyeleri boşaltın ve sıvıyı yedekleyin.

d) Eritilmiş tereyağında mantar sapını ve sarımsağı soteleyin. İstiridye sıvısını ekleyin ve mantar sapları yumuşayana kadar pişirin. Ocaktan alıp galeta unu, maydanoz, tuz ve karabiberi ekleyip karıştırın.

e) Mantar kapaklarına kaşık karışımı. Mantarlar yumuşayıncaya ve üstleri hafif kızarana kadar yaklaşık 8 dakika ateşte 6 inç kadar pişirin. Her birinin üzerine birkaç damla limon suyu serpin ve sıcak servis yapın.

80. Tarhun Kuzu

İçindekiler:

- 4 kilo kuzu budu
- 1 onun tarhun
- 1 yemek kaşığı yağ
- 1 soğan, dilimlenmiş
- 1 1/4 c. kuru beyaz şarap
- 1 x tuz ve karabiber tadı
- 2/3 c krema

Talimatlar:

a) Kuzu butunun derisini soyun ve dıştaki tüm yağları kesin.
b) Eti çapraz bir desenle derinden çizin ve yarıkları tarhunla doldurun. Eti yağla ovun ve soğanla kaplayın.
c) Marine etmek için uygun bir tabağa koyun ve üzerine beyaz şarabı dökün.
d) Tat vermek için tuz ve karabiber ekleyin ve ara sıra teyelleyerek yaklaşık 2 saat marine edin.
e) Kuzu eti marine ile birlikte 325 derece F'de bitene kadar kızartın; sık sık yağlayın.
f) Etin pişmesi bitmeden on dakika önce marine sosunu ve et suyunu bir tencereye boşaltın.
g) Şiddetle kaynatarak sosu orijinal miktarının yarısına kadar azaltın.
h) Eti ince dilimler halinde kesin ve et suyunu marine ete ekleyin.

i) Eti servis tabağına alın ve sıcak tutun.

j) Sosu ocaktan alın, kremayı karıştırın ve orta kalınlıkta bir kıvam alana kadar tekrar ısıtın. Sosu kuzunun üzerine dökün ve servise hazır olana kadar sıcak tutun.

81. Kasha Doldurma ile Cornish Oyun Tavuğu

İçindekiler:

- 2 Rock Cornish av tavuğu
- 1/2 limon
- Tuz ve biber
- 4 şerit pastırma
- 3/4 bardak kırmızı şarap

Kasha Doldurma:

- 1 su bardağı karabuğday
- 1 yumurta (hafif dövülmüş)
- 3 şerit pastırma (parçalar halinde kesilmiş)
- 2 yemek kaşığı tereyağı
- 1 orta boy soğan (doğranmış)
- 1 diş sarımsak (kıyılmış)
- 1/2 yeşil biber (doğranmış)
- 1/4 lb. mantar (doğranmış)
- 1 çay kaşığı kekik
- 1/2 çay kaşığı adaçayı
- Tatmak için biber ve tuz

Talimatlar:

a) Kuşların içini ve dışını limonla ovun ve tuz ve taze çekilmiş karabiber serpin.
b) Fırını önceden ısıtın (450 derece F.).
c) Boşlukları Kasha dolgusu ile doldurun. Açıklığı şiş ile kapatın.

d) Kuşları, göğüs tarafı yukarı bakacak şekilde açık kızartma tavasındaki rafa yerleştirin ve göğüsleri domuz pastırması ile kaplayın. 15 dakika soğutun.
e) Isıyı 325 derece F'ye düşürün ve kırmızı şarap ekleyin. Sık sık teyelleyerek (mümkünse her 15 dakikada bir) 35 ila 40 dakika arası kızartın; gerekirse daha fazla şarap ekleyin.
f) Kasha Doldurma için:
g) Kabuğu çıkarılmış yumurta ile karıştırın; yüksek ateşte kızartma tavasına ekleyin. Tahıllar ayrılana kadar sürekli karıştırın, ardından kaynar suyu ekleyin.
h) Tavayı kapatın, ısıyı azaltın ve 30 dakika pişirin.
i) Bu sırada başka bir büyük tavada pastırmayı kızartın.
j) Pastırma hafifçe kızardığında bir tarafa itin ve tereyağını ekleyin.
k) Bu cızırdamaya devam edin ve soğan, sarımsak, yeşil biber ve mantarları ekleyin; Sürekli karıştırın.
l) Kekik, adaçayı ve tuz ve karabiber ekleyin. Isıyı azaltın ve pişmiş tahılları ekleyin. İyice karıştırın, baharatını ayarlayın ve ocaktan alın.
m) Kasha'ya genellikle karabuğday kabuğu çıkarılmış tane denir. Karabuğday tanesinden yapılır ve daha sonra kavrulur, bu da ona lezzetli bir fındık benzeri lezzet verir.

82. Doldurulmuş Fırında Seitan Kızartma

İçindekiler:

- 1Temel Kaynatılmış Seitan, pişmemiş
- 1 yemek kaşığı zeytinyağı
- 1 küçük sarı soğan, kıyılmış
- 1 kereviz kaburga, kıyılmış
- $1/2$ çay kaşığı kuru kekik
- $1/2$ çay kaşığı kuru adaçayı
- $1/2$ su bardağı veya gerekirse daha fazla su
- Tuz ve taze çekilmiş karabiber
- 2 su bardağı taze ekmek küpleri
- $1/4$ su bardağı kıyılmış taze maydanoz

Talimatlar:

a) Ham seitanı hafifçe unlanmış bir çalışma yüzeyine yerleştirin ve hafifçe unlanmış ellerle düz ve yaklaşık 1/2 inç kalınlığa gelene kadar uzatın.

b) Düzleştirilmiş seitanı iki yaprak plastik sargı veya parşömen kağıdı arasına yerleştirin. Olabildiğince düzleştirmek için bir oklava kullanın (elastik ve dayanıklı olacaktır). Bir galon su veya konserve ile tartılmış bir fırın tepsisiyle doldurun ve doldurmayı yaparken dinlenmeye bırakın.

c) Büyük bir tavada, yağı orta ateşte ısıtın. Soğanı ve kereviz ekleyin. Örtün ve yumuşak olana kadar pişirin, 10 dakika. Kekik, adaçayı, su, tuz ve karabiberi ekleyip karıştırın.

d) Isıdan çıkarın ve bir kenara koyun. Ekmek ve maydanozu geniş bir karıştırma kabına alın. Soğan karışımını ekleyin ve iyice karıştırın, eğer doldurma çok kuruysa biraz daha su ekleyin. Tat, gerekirse baharatları ayarlayın. Eğer gerekliyse. Kenara koyun.

e) Fırını önceden 350 ° F'ye ısıtın. 9 x 13 inçlik bir fırın tepsisini hafifçe yağlayın ve bir kenara koyun. Düzleştirilmiş seitanı yaklaşık 1/4 inç kalınlığa gelene kadar bir oklava ile açın. Dolguyu seitanın yüzeyine yayın ve dikkatlice ve eşit bir şekilde yuvarlayın. Kızartma dikiş tarafını hazırlanan fırın tepsisine yerleştirin. Kızartmanın üstüne ve yanlarına biraz yağ sürün ve üzerini örtüp 45 dakika pişirin, ardından üzerini açıp sert ve parlak kahverengi olana kadar, yaklaşık 15 dakika daha pişirin.

f) Fırından çıkarın ve dilimlemeden önce 10 dakika bekletin. 1/2 inçlik dilimler halinde kesmek için tırtıklı bir bıçak kullanın.

83. Seitan En Croute

4 porsiyon yapar

İçindekiler:

- 1 yemek kaşığı zeytinyağı
- 2 orta boy arpacık, kıyılmış
- ons beyaz mantar, kıyılmış
- 1/4 su bardağı Madeira
- 1 yemek kaşığı kıyılmış taze maydanoz
- 1/2 çay kaşığı kuru kekik
- 1/2 çay kaşığı kuru tuzlu
- 1 su bardağı ince doğranmış kuru ekmek küpleri
- Tuz ve taze çekilmiş karabiber
- 1 dondurulmuş milföy yaprağı, çözülmüş
- (1/4 inç kalınlığında) seitan dilimleri

Talimatlar:

a) Büyük bir tavada, yağı orta ateşte ısıtın. Arpacıkları ekleyin ve yumuşayana kadar yaklaşık 3 dakika pişirin. Mantarları ekleyin ve ara sıra karıştırarak mantarlar yumuşayana kadar yaklaşık 5 dakika pişirin.

b) Madiera, maydanoz, kekik ve tuzluyu ekleyin ve sıvı neredeyse buharlaşana kadar pişirin. Ekmek küplerini karıştırın ve tatmak için tuz ve karabiber serpin. Soğuması için kenara alın.

c) Milföy hamurunu düz bir çalışma yüzeyi üzerine büyük bir plastik film parçası üzerine koyun. Üstüne başka bir plastik sargı parçası koyun ve bir oklava kullanarak pastayı hafifçe yuvarlayarak pürüzsüz hale getirin. Pastayı dörde bölün. Her bir hamur işinin ortasına 1 dilim seitan koyun.

d) Doldurmayı aralarında bölün, seitan'ı kaplayacak şekilde yayın. Kalan seitan dilimleri ile her birini doldurun. Dolguyu kapatmak için pastayı katlayın, mühürlemek için kenarları parmaklarınızla kıvırın. Hamur paketlerini ek yerleri alta gelecek şekilde büyük, yağsız bir fırın tepsisine yerleştirin ve 30 dakika buzdolabında bekletin.

e) Fırını 400 ° F'ye önceden ısıtın. Kabuk altın kahverengi olana kadar pişirin, yaklaşık 20 dakika.

f) Hemen servis yapın.

84. Karidesli Tofu Dolması

İçindekiler:

- ½ kiloluk sert tofu
- 2 ons pişmiş karides, soyulmuş ve deveined
- ⅛ Çay kaşığı tuz
- zevkinize biber
- ¼ çay kaşığı mısır nişastası
- ½ su bardağı tavuk suyu
- ½ çay kaşığı Çin Pirinç şarabı veya kuru şeri
- ¼ su bardağı su
- 2 yemek kaşığı istiridye sosu
- Kızartmak için 2 yemek kaşığı sıvı yağ
- 1 inçlik parçalar halinde kesilmiş 1 yeşil soğan

Talimatlar:

a) Tofuyu boşaltın. Karidesleri yıkayın ve kağıt havlularla kurulayın. Karidesleri tuz, karabiber ve mısır nişastasında 15 dakika marine edin.

b) Satırı kesme tahtasına paralel tutarak tofuyu boyuna ikiye bölün. Her bir yarıyı 2 üçgene kesin, ardından her üçgeni 2 üçgene daha kesin. Şimdi 8 üçgeniniz olmalı.

c) Tofu'nun bir tarafında uzunlamasına bir bölme kesin. ¼-½ çay kaşığı karidesi yarığa doldurun.

d) Önceden ısıtılmış bir wok veya tavaya yağ ekleyin. Yağ sıcakken tofuyu ekleyin. Tofuyu yaklaşık 3-4 dakika kahverengileştirin, en az bir kez çevirin ve wok'un dibine yapışmadığından emin olun. Artan karidesiniz varsa, pişirmenin son dakikasında ekleyin.

e) Wok'un ortasına tavuk suyu, Konjac pirinç şarabı, su ve istiridye sosunu ekleyin. Kaynamaya getirin. Isıyı azaltın, örtün ve 5-6 dakika pişirin. Yeşil soğanı karıştırın. Sıcak servis yapın.

85. Domuz Dolması Tofu Üçgenleri

İçindekiler:

- ½ kiloluk sert tofu
- ¼ pound domuz eti
- ⅛ Çay kaşığı tuz
- zevkinize biber
- ½ çay kaşığı Çin Pirinç şarabı veya kuru şeri
- ½ su bardağı tavuk suyu
- ¼ su bardağı su
- 2 yemek kaşığı istiridye sosu
- Kızartmak için 2 yemek kaşığı sıvı yağ
- 1 inçlik parçalar halinde kesilmiş 1 yeşil soğan

Talimatlar:

a) Tofuyu boşaltın. Domuz etini orta boy bir kaba koyun. Tuz, karabiber ve Konjac pirinç şarabını ekleyin. Domuz eti 15 dakika marine edin.

b) Satırı kesme tahtasına paralel tutarak tofuyu boyuna ikiye bölün. Her bir yarıyı 2 üçgene kesin, ardından her üçgeni 2 üçgene daha kesin. Şimdi 8 üçgeniniz olmalı.

c) Her bir tofu üçgeninin kenarlarından biri boyunca uzunlamasına bir bölme kesin. Yarık içine bir yığın ¼ çay kaşığı öğütülmüş domuz eti doldurun.

d) Önceden ısıtılmış bir wok veya tavaya yağ ekleyin. Yağ sıcakken tofuyu ekleyin. Domuz eti kaldıysa onu da ekleyin. Tofuyu yaklaşık 3-4 dakika kahverengileştirin, en az bir kez çevirin ve wok'un dibine yapışmadığından emin olun.

e) Wok'un ortasına tavuk suyu, su ve istiridye sosunu ekleyin. Kaynamaya getirin. Isıyı azaltın, örtün ve 5-6 dakika pişirin. Yeşil soğanı karıştırın. Sıcak servis yapın.

86. Su teresi ile doldurulmuş tofu

4 porsiyon yapar

İçindekiler:

- 1 pound ekstra katı tofu, süzülmüş, ¾ inçlik dilimler halinde kesilmiş ve preslenmiş (bkz.Hafif Sebze Suyu)
- Tuz ve taze çekilmiş karabiber
- 1 küçük demet su teresi, sert sapları ayıklanmış ve doğranmış
- 2 olgun erik domates, doğranmış
- 1/2 su bardağı doğranmış yeşil soğan
- 2 yemek kaşığı kıyılmış taze maydanoz
- 2 yemek kaşığı kıyılmış taze fesleğen
- 1 çay kaşığı kıyılmış sarımsak
- 2 yemek kaşığı zeytinyağı
- 1 yemek kaşığı balzamik sirke
- bir tutam şeker
- 1/2 su bardağı çok amaçlı un
- 1/2 su bardağı su
- 11/2 su bardağı kuru baharatsız ekmek kırıntısı

Talimatlar:

a) Her bir tofu diliminin yanında uzun, derin bir cep kesin ve tofuyu bir fırın tepsisine yerleştirin. Tuz ve karabiberle tatlandırıp kenara alın.

b) Büyük bir kapta su teresi, domates, yeşil soğan, maydanoz, fesleğen, sarımsak, 2 yemek kaşığı yağ, sirke, şeker ve tuz ve karabiberi tadın. İyice birleşene kadar karıştırın, ardından karışımı dikkatlice tofu ceplerine doldurun.

c) Unu sığ bir kaba koyun. Suyu ayrı bir sığ kaseye dökün. Ekmek kırıntılarını geniş bir tabağa alın. Tofuyu unun içinde tarayın, ardından dikkatlice suya daldırın ve ardından ekmek kırıntılarına daldırın, iyice kaplayın.

d) Büyük bir tavada kalan 2 yemek kaşığı yağı orta ateşte ısıtın. Doldurulmuş tofuyu tavaya ekleyin ve altın kahverengi olana kadar pişirin, her tarafta 4 ila 5 dakika bir kez çevirin. Hemen servis yapın.

87. Ispanaklı Manicotti

4 porsiyon yapar

İçindekiler:

- 12 maniko
- 1 yemek kaşığı zeytinyağı
- 2 orta arpacık, doğranmış
- 1 (10 ons) paket dondurulmuş doğranmış ıspanak, çözülmüş
- 1 kiloluk ekstra katı tofu, süzülmüş ve ufalanmış
- $1/4$ çay kaşığı hindistan cevizi
- Tuz ve taze çekilmiş karabiber
- 1 su bardağı kavrulmuş ceviz parçaları
- 1 su bardağı yumuşak tofu, süzülmüş ve ufalanmış
- $1/4$ su bardağı besin mayası
- 2 su bardağı sade şekersiz soya sütü
- 1 su bardağı kuru ekmek kırıntısı

Talimatlar:

a) Fırını önceden 350 ° F'ye ısıtın. 9 x 13 inçlik bir pişirme kabını hafifçe yağlayın. Kaynayan tuzlu su dolu bir tencerede manicottiyi orta-yüksek ateşte ara sıra karıştırarak al dente kıvamına gelene kadar yaklaşık 10 dakika pişirin. İyice süzün ve soğuk su altında çalıştırın. Kenara koyun.

b) Büyük bir tavada, yağı orta ateşte ısıtın. Arpacıkları ekleyin ve yumuşayana kadar yaklaşık 5 dakika pişirin. Mümkün olduğu kadar fazla sıvıyı çıkarmak için ıspanağı sıkın ve arpacıklara ekleyin. Tat vermek için hindistan cevizi, tuz ve karabiber serpin ve tatları karıştırmak için karıştırarak 5 dakika pişirin. Ekstra sert tofu ekleyin ve iyice karıştırmak için karıştırın. Kenara koyun.

c) Bir mutfak robotunda cevizleri ince öğütülene kadar işleyin. Tat vermek için yumuşak tofu, besin mayası, soya sütü ve tuz ve karabiber ekleyin. Pürüzsüz olana kadar işlem yapın.

d) Hazırladığınız fırın tepsisinin tabanına bir kat cevizli sos sürün. Manicotti'yi doldurma ile doldurun. Doldurulmuş manicottileri fırın tepsisine tek sıra halinde dizin. Kalan sosu üzerine kaşıkla gezdirin. Folyo ile örtün ve sıcak olana kadar pişirin, yaklaşık 30 dakika. Üzerini açın, ekmek kırıntıları serpin ve üzerini hafifçe kızarana kadar 10 dakika daha pişirin. Hemen servis yapın.

88. Portakal Soslu Tortellini

4 porsiyon yapar

İçindekiler:

- 1 yemek kaşığı zeytinyağı
- 2 diş sarımsak, ince kıyılmış
- 1 su bardağı sert tofu, süzülmüş ve ufalanmış
- ¾ su bardağı kıyılmış taze maydanoz
- 1/4 su bardağı vegan Parmesan veyaParmasio
- Tuz ve taze çekilmiş karabiber
- 1Yumurtasız Makarna Hamuru
- 21/2 su bardağı marinara sosu
- 1 portakal kabuğu rendesi
- 1/2 çay kaşığı öğütülmüş kırmızı biber
- 1/2 su bardağı soya kreması veya sade şekersiz soya sütü

Talimatlar:

a) Büyük bir tavada, yağı orta ateşte ısıtın. Sarımsakları ekleyin ve yumuşak olana kadar yaklaşık 1 dakika pişirin. Tofu, maydanoz, Parmesan ve tuz ve karabiberi tatmak için karıştırın.

b) İyice karışana kadar karıştırın. Soğuması için kenara alın.

c) Tortelliniyi yapmak için hamuru ince bir şekilde açın (yaklaşık 1/8 inç) ve 21/2 inç kareler halinde kesin. Ortadan bir çay kaşığı iç harcı koyun ve bir üçgen oluşturmak için makarna karesinin bir köşesini dolgunun üzerine katlayın.

d) Mühürlemek için kenarları birbirine bastırın, ardından üçgeni, orta noktayı aşağıya, işaret parmağınızın etrafına sarın, uçlarını birbirine bastırarak yapıştırın. Üçgenin ucunu aşağı katlayın ve parmağınızı kaydırın. Hafifçe unlanmış bir tabağa alın ve kalan hamur ve doldurma ile devam edin.

e) Büyük bir tencerede marinara sosu, portakal kabuğu rendesi ve ezilmiş kırmızı biberi birleştirin. Sıcak olana kadar ısıtın, ardından soya kremasını karıştırın ve çok düşük ısıda sıcak tutun.

f) Kaynayan tuzlu su dolu bir tencerede, tortellinileri yukarı çıkana kadar yaklaşık 5 dakika pişirin. İyice süzün ve büyük bir servis kasesine aktarın. Sosu ekleyin ve birleştirmek için hafifçe fırlatın. Hemen servis yapın.

89. Enginar-Cevizli Mantı

4 porsiyon yapar

İçindekiler:

- $1/3$ su bardağı artı 2 yemek kaşığı zeytinyağı
- 3 diş sarımsak, kıyılmış
- 1 (10 ons) paket donmuş ıspanak, çözülmüş ve sıkılmış kuru
- 1 su bardağı dondurulmuş enginar kalbi, çözülmüş ve doğranmış
- $1/3$ su bardağı sert tofu, süzülmüş ve ufalanmış
- 1 su bardağı kavrulmuş ceviz parçaları
- $1/4$ su bardağı sıkıca paketlenmiş taze maydanoz
- Tuz ve taze çekilmiş karabiber
- 1Yumurtasız Makarna Hamuru
- 12 taze adaçayı yaprağı

Talimatlar:

a) Büyük bir tavada 2 yemek kaşığı yağı orta ateşte ısıtın. Sarımsak, ıspanak ve enginar kalplerini ekleyin. Sarımsak yumuşayana ve sıvı emilene kadar, ara sıra karıştırarak yaklaşık 3 dakika pişirin ve pişirin.

b) Karışımı bir mutfak robotuna aktarın. Tofu, 1/4 su bardağı ceviz, maydanoz, tuz ve karabiber ekleyin. Kıyılmış ve iyice karıştırılana kadar işleyin.

c) Soğuması için kenara alın.
d) Mantıyı yapmak için, hamuru hafifçe unlanmış bir yüzeyde çok ince (yaklaşık 1/8 inç) açın ve 2 inç genişliğinde şeritler halinde kesin. Üstten yaklaşık 1 inç uzakta bir makarna şeridine 1 yığın çay kaşığı doldurma koyun. İlk kaşık dolumun yaklaşık 1 inç altına, makarna şeridine bir çay kaşığı dolusu daha koyun. Hamur şeridinin tüm uzunluğu boyunca tekrarlayın.
e) Hamurun kenarlarını suyla hafifçe ıslatın ve ilkinin üzerine dolguyu kapatacak şekilde ikinci bir makarna şeridi yerleştirin.
f) Doldurma kısımları arasında iki hamur tabakasını birbirine bastırın. Düz hale getirmek için hamurun kenarlarını kesmek için bir bıçak kullanın ve ardından kare mantı yapmak için her bir dolgu höyüğü arasında hamuru kesin. Mantıyı kapatmak için hamurun kenarlarına bastırmak için çatalın uçlarını kullanın. Mantıyı un serpilmiş bir tabağa aktarın ve kalan hamur ve dolgu ile tekrarlayın.
g) Mantıları büyük bir tencerede kaynayan tuzlu su içinde, üstlerine çıkana kadar yaklaşık 7 dakika pişirin. İyice süzün ve bir

kenara koyun. Büyük bir tavada kalan 1/3 bardak yağı orta ateşte ısıtın. Adaçayı ve kalan $\frac{3}{4}$ su bardağı cevizi ekleyip adaçayı gevrekleşip cevizlerin kokusu çıkana kadar pişirin.

h) Pişmiş mantıyı ekleyin ve hafifçe karıştırarak sosla kaplayın ve ısıtın. Hemen servis yapın.

90. Doldurulmuş Tavuk Kanadı

İçindekiler:

- 10 tavuk kanadı
- 2 Çin kurutulmuş mantar
- $\frac{1}{2}$ 8 ons bambu filizleri, süzülmüş olabilir
- $\frac{1}{2}$ su bardağı domuz eti
- $\frac{1}{2}$ yemek kaşığı soya sosu
- $\frac{1}{2}$ yemek kaşığı Çin Pirinç şarabı veya kuru şeri
- $\frac{1}{4}$ çay kaşığı susam yağı
- Tatmak için biber ve tuz

Talimatlar:

a) Tavuk kanatlarını yıkayın ve kurulayın. Orta bölümü kesin ve tamburu atın. Bir soyma bıçağı alın ve tamburun bağlı olduğu orta bölümün ucundan başlayarak eti orta bölümdeki 2 kemikten deriyi kesmemeye dikkat ederek dikkatlice kazıyın. Et kazındığında orta kısımdaki 2 kemiği çekip çıkarın. Bu size malzeme için bir kese verecektir.

b) Kuru mantarları yumuşaması için en az 20 dakika sıcak suda bekletin. Fazla suyu çıkarmak için mantarları hafifçe sıkın. İnce dilimler halinde kesin. Julienne bambu filizleri.

c) Domuz eti orta bir kaba koyun. Soya sosu, Konjac pirinç şarabı, susam yağı, tuz ve karabiberi domuz etiyle karıştırmak için ellerinizi kullanın.

d) Küçük bir domuz eti topunu alın ve tavuk derisinin içine yerleştirin. 2 dilim bambu ve 2 dilim dilimlenmiş mantar ekleyin. Kalan tavuk kanatları ile devam edin.

e) Tavuk kanatlarını, wok'ta bir bambu buharlı pişirici üzerinde ısıya dayanıklı bir plaka üzerinde yaklaşık 20 dakika veya domuz eti pişene kadar buğulayın.

91. Akdeniz dolması köfte

Bileşen

- 1 büyük patlıcan, soyulmuş ve küp doğranmış
- 4 Domates, soyulmuş ve doğranmış
- 4 yemek kaşığı Taze maydanoz
- Tuz ve biber
- Sarımsak, soğan ve biber
- Kekik ve Hindistan cevizi
- ½ su bardağı Tavuk suyu
- 1½ pound Kıyma
- 2 dilim Ekmek
- ⅓ su bardağı parmesan peyniri
- 1 yumurta
- Brokoli, Karnabahar, Kabak
- Spagetti veya diğer makarna

Talimatlar:

a) Sosu hazırlayın: Sarımsakları zeytinyağında soteleyin. Soğanı ekleyip sotelemeye devam edin.

b) Yeşil biber, kabak, patlıcan ve domatesleri ekleyin. Pişirmeye devam edin; ardından maydanoz, tuz ve karabiber, kekik ve tavuk suyunu ekleyin.

c) Eritilmiş tereyağı, tuz ve karabiberi ekleyip kenara alın.

d) Toplar yapın ve her topun ortasına beyazlatılmış bir sebze bastırın.

e) Topları önce yumurtaya sonra galeta ununa batırın ve altın rengi olana kadar 6-8 dakika kızartın.

92. Zeytinli köfte

Bileşen

- 1 yemek kaşığı Tereyağı
- 1 su bardağı Soğan, doğranmış
- 2 küçük diş sarımsak, kıyılmış
- 1¼ pound Kıyma
- ½ su bardağı Yumuşak ekmek kırıntıları
- ½ su bardağı Maydanoz, ince kıyılmış
- 1 büyük Yumurta ve 1 su bardağı Ağır krema
- 16 adet dolmalık yeşil zeytin
- ¼ fincan fıstık yağı
- 3 yemek kaşığı Un
- ½ su bardağı sek beyaz şarap ve 1½ su bardağı Tavuk suyu
- 1 yemek kaşığı domates salçası
- 1 yemek kaşığı Dijon hardalı

Talimatlar:

a) Soğan ve sarımsağı pişirin. Eti bir karıştırma kabına alın ve kavrulmuş soğan ve sarımsağı, galeta ununu, maydanozu, yumurtayı, kremanın yarısını ve hindistan cevizini ekleyin. İyice karıştırın. 16 eşit parçaya bölün.

b) Zeytini mühürlerken topları hazırlayın.

c) Eşit şekilde kızarmaları için sık sık çevirerek pişirin, yaklaşık 5-10 dakika.

d) Unu karıştırın ve ardından şarabı ekleyin. Yaklaşık 1 dakika karıştırarak pişirin. Köfteleri ekleyin.

e) Kalan kremayı ve hardalı sosa karıştırın.

93. lahana turşusu topları

Bileşen

- 1 orta boy soğan, kıyılmış
- 2 yemek kaşığı Tereyağı
- 1 olabilir Spam (toprak)
- 1 su bardağı dövülmüş dana eti
- ¼ çay kaşığı Sarımsak tuzu
- 1 yemek kaşığı hardal
- 3 yemek kaşığı kıyılmış maydanoz
- 2 su bardağı lahana turşusu
- ⅔ fincan Un
- ½ su bardağı et suyu veya bulyon küpü, 1/2 su bardağı suda eritilmiş
- 2 Yumurta, iyi dövülmüş
- ½ su bardağı ekmek kırıntısı
- ⅛ çay kaşığı biber

Talimatlar:

a) soğanları tereyağında soteleyin, spam, konserve sığır eti ekleyin. 5 dakika pişirin ve sık sık karıştırın. Sarımsak tuzu, hardal, maydanoz, biber, lahana turşusu, $\frac{1}{2}$ su bardağı un ve et suyunu ekleyin. İyice karıştırın. 10 dakika pişirin.

b) Soğuması için tepsiye yayın. Küçük toplar haline getirin. Unu yuvarlayın, yumurtalara batırın ve kırıntılarda yuvarlayın. 375 derecede kızgın yağda altın sarısı olana kadar kızartın.

94. Türkiye ve dolma köfte

Bileşen

- ½ su bardağı Süt
- 1 yumurta
- 1 su bardağı Mısır ekmeği doldurma karışımı
- ¼ fincan İnce doğranmış kereviz
- 1 çay kaşığı Kuru hardal
- 1 pound Öğütülmüş hindi
- 16 oz jöleli kızılcık sosu konservesi
- 1 yemek kaşığı Esmer şeker
- 1 yemek kaşığı Worcestershire sosu

Talimatlar:

a) Fırını 375 derece F'ye ısıtın. Büyük bir kapta süt ve yumurtayı birleştirin; iyi döv.

b) Doldurma karışımı, kereviz ve hardalı karıştırın; iyi harmanlayın. hindiyi ekleyin; iyice karıştırın.

c) 48 (1 inç) top haline getirin. Yağsız 15x10x1 inçlik fırın tepsisine yerleştirin.

d) 375 derecede 20 ila 25 dakika veya köfteler kızarana ve ortası artık pembe olmayana kadar pişirin.

e) Bu sırada büyük bir tencerede tüm sosu birleştirin Malzemeler; iyice karıştırın. Orta ateşte kaynamaya getirin. Isıyı düşük seviyeye düşürün; ara sıra karıştırarak 5 dakika kaynatın. Köfteleri sosa ekleyin; kaplamak için hafifçe karıştırın.

95. Peynir dolgulu köfte

Bileşen

- 1 yemek kaşığı Zeytinyağı
- 2 yemek kaşığı doğranmış soğan
- 8 ons Yağsız kıyma veya hindi
- 1 yemek kaşığı Soya sosu
- $\frac{1}{4}$ çay kaşığı Kuru adaçayı
- 4 ons Çedar veya İsviçre peyniri; 8 küp halinde kesin

Talimatlar:

a) Fırını 325F'ye önceden ısıtın.

b) Biraz zeytinyağı veya tava spreyi ile sığ bir fırın tepsisini yağlayın.

c) Yağı bir tavada orta ateşte sıcak olana kadar ısıtın, ancak sigara içmeyin. Soğanı ekleyin ve altın kahverengi olana kadar yaklaşık 10 dakika soteleyin.

d) Soğan, sığır eti, soya sosu ve adaçayı birleştirin. Karışımı sekiz parçaya bölün. Bir parça peynir alın ve karışımın bir kısmını köfte şekline getirmek için örtün. Toplam sekiz köfte oluşturmak için tekrarlayın.

e) Köfteleri yağlanmış tavaya koyun ve 30 dakika pişirin.

96. tavuklu salata topları

Bileşen

- 1 su bardağı doğranmış tavuk
- 1 yemek kaşığı Doğranmış soğan
- 2 yemek kaşığı Yenibahar; doğranmış
- ½ su bardağı Mayonez
- 1 su bardağı kıyılmış ceviz

Talimatlar:

a) Hepsini karıştırın ve iyice karıştırın. 4 saat soğutun.

b) 1 inçlik top haline getirin.

97. Mikroyeşil Doldurulmuş Omlet

2 kişilik

İçindekiler

- 2 yumurta akı
- tutam tuz
- Bir tutam karabiber
- 2 çay kaşığı Bitki Bazlı Süt

Talimatlar

- Bir karıştırma kabında iki yumurta akı ve iki çay kaşığı sütü çırpın.
- Biraz pişirme spreyi olan bir tavada yumurtayı orta-düşük ısıda pişirin.
- Yumurtayı pişirirken tuz ve karabiberle tatlandırın, alt kısmı piştiğinde ters çevirin.
- Ortadan ikiye katlayın ve dilimlenmiş avokado, ufalanmış keçi peyniri ve içi

taze mikro yeşilliklerle dolu bir tabakta servis edin.

98. Roka üzerinde tatlı patates dolması

Porsiyon: 1

İçindekiler

- ½ tatlı patates, pişmiş
- 2 yumurta
- ½ fincan mikro roka, doğranmış
- Tuz ve biber
- Zeytinyağı çiselemesi

Talimatlar

a) Yeşillikleri hafifçe zeytinyağında gezdirin ve bir tutam tuzla tatlandırın.

b) Orta-yüksek ısıda bir tava veya ızgarayı önceden ısıtın.

c) Tava ısındığında zeytinyağını ekleyin ve tatlı patatesi eklemeden önce yaklaşık 30 saniye pişirin.

d) Kenarları kahverengileşmeye başlayana kadar pişirin, sonra çevirin.

e) Tatlı patates dilimlerini tavadan çıkarın ve hazırlanan yeşilliklerin üzerine düz bir şekilde koyun.

f) Daha sonra tavanızda iki yumurtayı kırın.

g) Yumurtalar pişerken üzerlerine tuz ve karabiber serpin.

h) Biraz ekstra lezzet için kekik veya kekik veya ezilmiş kırmızı biber gibi bazı otlar serpin.

i) Yumurtaları tatlı patates dilimlerinin üzerine yerleştirin.

j) Kenara ayırdığınız yeşillikler ile süsleyin.

99. Mikroyeşil Doldurulmuş kabak ruloları

Servis 6

İçindekiler

- Nane, maydanoz, frenk soğanı, tarhun, kekik, fesleğen ve diğerleri dahil olmak üzere 4 su bardağı karışık ot
- 2 diş sarımsak
- 1/2 su bardağı kavrulmuş, tuzlu badem
- 1/4 su bardağı rendelenmiş Parmigiano-Reggiano
- Limon kabuğu rendesi
- 2 yemek kaşığı Limon suyu
- 1/2 su bardağı zeytinyağı
- 5-6 kabak, uzunlamasına dilimlenmiş
- 1 su bardağı ricotta peyniri
- tuz ve taze çekilmiş karabiber
- demet nane yaprağı

Talimatlar

a) Önce bitki pestosunu yapın: Otları, sarımsakları, bademleri, rendelenmiş peyniri, limon suyunu ve limon kabuğu rendesini bir mutfak robotuna koyun.

İşlemci çalışırken zeytinyağını besleme borusundan yavaş bir akışla ekleyin; Karışım nispeten pürüzsüz olana kadar işlem yapın.

b) Dış ızgarayı veya ızgara tavasını orta ateşte önceden ısıtın.

c) Kabak şeritlerinin her iki tarafını az miktarda zeytinyağı ile fırçalayın ve tuzlayın.

d) Şeritleri her iki tarafta yaklaşık 1 dakika veya yumuşayana ve kömür işaretleri görünene kadar ızgara yapın.

e) Küçük bir karıştırma kabında ricotta ve bol miktarda pesto sosunu tuz ve karabiberle tatlandırarak birleştirin.

f) Bir çalışma yüzeyine bir kabak şeridi yerleştirin. Ricotta karışımının şerit üzerindeki kısmının üstüne bir nane yaprağı yerleştirin.

g) Kabak dilimlerini yuvarladıktan sonra kürdan ile sabitleyin. Tüm kabak şeritleri kullanılana kadar tekrarlayın.

h) Hafif soğuk veya oda sıcaklığında servis yapın.

100. Mikro Yeşillikli Patates Yuvaları

12 yuva verir

İçindekiler:

Patates Yuvaları:

- 1 yemek kaşığı tereyağı, yumuşatılmış
- 1 yemek kaşığı zeytinyağı
- ½ soğan, kıyılmış
- 1 diş sarımsak, kıyılmış
- 1 pound Yukon patates, soyulmuş ve rendelenmiş
- 9 ons Cotija peyniri, ufalanmış

Chipotle Pansuman:

- 1 su bardağı az yağlı ekşi krema
- adobo'da 1 chipotle
- 2 yemek kaşığı adobo sosu
- 1 diş sarımsak
- 1 anahtar kireç, suyu sıkılmış

- $\frac{1}{8}$ çay kaşığı tavuk bulyon tozu

Malzemeler:

- 2 su bardağı turp filizi ve bebek roka gibi mikro yeşillikler

- 6 üzüm domates, yarıya

- 2 ons füme somon, dilimlenmiş

Talimatlar:

a) Fırını önceden 350 derece Fahrenheit'e ısıtın.

b) 12'li muffin tepsisini bolca yağlayın.

c) Yağı büyük bir tavada orta ateşte ısıtın ve soğan ve sarımsağı ekleyin.

d) Doğranmış patatesleri içine atın. Karıştırmak. Cotija peynirini karıştırın. Toplam 7 dakika pişirin.

e) Muffin kaplarına eşit şekilde paylaştırıp kaşıkla bastırın.

f) 30 dakika veya altın kahverengi olana kadar pişirin.

g) Chipotle Pansuman için tüm malzemeleri bir karıştırıcıda birleştirin. Tamamen pürüzsüz olana kadar karıştırın.

h) Servis yapmak için patates yuvalarını servis tepsisine yerleştirin. Mikro yeşillikler ve pansuman serpin.

ÇÖZÜM

Bir yiyeceğe yapabileceğiniz en lezzetli ve en kolay şeylerden biri, onu eşit veya daha lezzetli başka bir yemekle "doldurmaktır". Doldurma içeriğinde et, peynir, sebzeler veya tahıl ve farro gibi tamamen farklı bir şey olsun, bir yiyeceğin diğerine doldurulmasında yanlış gidemezsiniz. Tavuk dolması ve biber dolması, balkabağı risotto dolması meşe palamudu kabak, bu yemek kitabında her şey var.

Doldurma sanatı sadece tatiller için ayrılmamalıdır. Bu yaratıcı tarifler, çeşitli malzemeleri ve dokuları tek bir lezzetli yemekte nasıl birleştireceğinizi gösteriyor!

www.ingramcontent.com/pod-product-compliance
Lightning Source LLC
Chambersburg PA
CBHW070509120526
44590CB00013B/789